WAC BUNKO

九十歳 美しく生きる

金美齢

WAC

❖はじめに❖ 歳をとることはすばらしい

二〇一七年八月、私はロシア・モスクワにいた。「避暑はロシアで」とはなんと贅沢《ぜいたく》な発想だと、我ながら呆れているが、まあ八十三歳で、まだ現役で働いているのだから、許せるだろう。

春先、「ＪＡＬビジネスクラスで行く　ロシア二大都市のフォーシーズンズに泊まる　ロシア珠玉の世界遺産紀行八日間」の案内にすぐ飛びついた。ヨーロッパやニューヨークには一人旅しているが、さすがに、ロシアを一人で歩く勇気はない。一生に一度はロシアに……と思っていたので（ソ連時代の一九七四年にモスクワ経由で欧州に出かけたことがあり、モスクワ空港で降り立ったことがあるので、「地面」は踏んではいたが）、この際出かけようと思い立ったのだ。しかも、この夏はどこで何をしようかと考えていたところなので、「渡りに舟」だと即決した。

ところが出かけてみて少々失望した。まず、ロシアは料理はさほど美味しくない。ホテルが「フォーシーズンズ」だったので、朝食はそれ相応のレベルだったが……。街のレストランでの比較的〝マシ〟な店はイタリアンだった。その店がリチャード・ジノリの食器を使っていて、出てきた皿が、わが家のと同じ最も定番の白だった。ロシア一のグム・デパート、ジノリの食器にはエカテリーナ二世特注のディナーセットがある筈《はず》。わが家には縁《ふち》どりを金箔《きんぱく》した飾り皿が二枚ある。せめてそのシリーズにお目にかかりたかった。高価なので、レストランには無理かもしれないが、実は、美術館でもそのコレクションは見かけなかった。

「放蕩息子の帰還」の前に立って

ロシア旅行の目玉はもちろんエルミタージュ美術館。本来なら二、三日かけて回りたいところだが、ツアーだから午前は別館の印象派、午後は本館とやたら忙しい。絵を観《み》るのはゆっくり、じっくり時間をかけたいのだが……。団体旅行なのだから、スケジュール通りに動くしかない。

それにしてもロシアは広大で緩い。先ず入国審査からびっくり仰天。イミグレーションの役人が、一つのブースに二人も入っているが、私が並んだところは、左が女性で、右が男性。この二人がぺちゃくちゃぺちゃくちゃと何か喋っている。しかも、女性が男性にキャンディを差し出して食べている。日本や台湾では絶対にあり得ない光景。ソ連時代ならともかく、「ロシア」になっても、公務員がこんな働き方とは？　この国はどうなっているんだろう。第一印象からして、ロシアという国は駄目だと思った。外国人にどう思われようと平気なのだ。

ところで、ＪＡＬのツアーは、六人で成立のところを八人が申し込み、私と一緒に行く予定だった相棒が土壇場で目の手術のため日和《ひよ》ったので、七人となり、ツアーコンダクターの女性とで総勢八人。しかも、ツアーコンダクターがとても気遣《きづか》いの出来る人で、細かいところまで面倒を見てくれたので、スケジュールいっぱい充分楽しむことはできた。ただ、また行きたい、という国ではない。

最近の夏は、三年続けてヴェネチアへ行ったが、そこには素晴らしいオペラハウスがあって、いい宿があって、街全体が世界で一つという、車が全く入らない、車なる物は乳母車しかないという素晴らしい所だった。最初に出かけてから十回以上は訪れている。何回でも出かけたいところだが、ロシアはそうではない。一生に一度は行きたいところだが、二回はいいだろう。そんな感想だ。

でも、さすがにエルミタージュはすごい。レンブラントの有名な「放蕩《ほうとう》息子の帰還」。新約聖書に出てくる故事、世界中でいつの時代でも、どこの国でも、どの家庭にも、起こりうる普遍的題材だ。息子が親と折合いが悪く、家出する。その息子が後悔して帰ってくる時に、それを優しく迎える父の姿を描いたものだ。この絵は、新約聖書の物語を目の前で見せてくれる。台湾では「浪子回頭《ランツ・フエ・トォー》」という故事で紹介もされている。

わが家でも息子には少々手こずったし、娘も、「何故ぐれないの、家出しないの、と同級生によく言われる」と学生時代に言っていた。それで父親が、「ジュリエット・グレコちゃん」とあだ名を付けたこともある。いまとなれば笑い話だが、どこの家にも起こりうる、子供が出て行く、ぐれる、自立しない、というこれはもう世界共通のどの時代にも、古今東西普遍的な題材だ。

いまになって考えてみれば、息子も娘もよくぞまともに育った。五人も孫がいる現在の状況が、人間として幸せなんだとかみしめている。帰ってきた〝どら息子〟を優しく迎えている父親、目の前にあるその絵は、一度はその前に立ちたい絵だ。これでやっと念願叶って、少し大げさに言うと、世界中の主な美術館は全て回ったと言うことができる。長旅の疲れが報われた思いだった。

この歳になっても、再訪したい美術館はある。メトロポリタンなどは数え切れないほど行っている。フィレンツェのウフィツィ美術館は最高だが、これはもう叶わないかもしれない。あの絢爛《けんらん》豪華なコレクション、できることならもう一度訪ねたい。

日本にも美術館はあるが、西洋美術に関しては実に貧弱だ。大原美術館といえども、目玉になるのはエル・グレコが一枚。それでも、若者たちと数年前に訪れたとき、カナレットのヴェネチアの絵を観ながら、「一生に一度は訪れるべき世界遺産、それはヴェネチア」と言って、結局その人たちと、その後、一緒に出かけることになった。

絵の前に立ちたい、それは美への巡礼である。エルミタージュは大切な札所《ふだしょ》の一つなのだ。

ともあれ、エルミタージュのあるサンクトペテルブルクは八月でも、二十度前後の日々。避暑&観光&美術鑑賞と三拍子揃った素晴らしい夏休みだった。

「喜怒哀楽」の数が人生を美しく磨きあげる

自画自賛で申し訳ないが、今の自分がこういう理想的な状態であるのは、よい年齢の重ね方をしてきたのだと思う。日本人の多くはアンチエイジングという言葉が流行するように、若さを羨望《せんぼう》し、歳をとることを否定するが、歳をとることはすばらしい。少なくとも無駄に歳をとらず、充実した経験を重ねてゆけば、年齢は若さの輝き以上に人生に艶《つや》を与えてくれるのだ。しかも、若い頃は多少の邪念や嫉妬といったマイナスの感情に悩むことはあっても、歳をとることでそういう劣情をうまくそぎ落とすこともできる。

今の自分に満足できるのは、歳をとることを肯定し、喜び、むだな抵抗をせず、むだに歳をとらないで来たからだろう。歳をとるのが楽しかった。それは美しく齢を重ねてきたからだという自負がある。そうして重ねてきた人間の年輪は、杉の大木の切り株の上に描かれた年輪が美しいのと同様、真っ白だった象牙《ぞうげ》が飴色《あめいろ》に艶めくように、いずれも個性的で美しい。私は自分の上に美しく刻まれた年輪が自慢なのだ。

私の名前は美齢。美しく齢を重ねると書く。その名の通りの人生を歩んできたと言ってよいかな、と今、ようやく思えるようになってきた。

どうやって、そんなふうに歳をとれるの？　と聞かれることがあるが、それは決して特別な才能が必要なことでも、困難なことでもない。

喜びをかみしめ、怒りにうちふるえ、哀しみを乗り越え、楽しみを見いだす。喜怒哀楽の数が人生を美しく磨きあげる。

私程度の人間にもできることなのだから、あなたにもできるわよ、と答える。六十歳からでも七十歳からでも遅すぎることはない。今の日本人の人生は長く、いくつになっても自分を磨く喜怒哀楽を見つけることができる。少し立ち止まって、いくつの喜怒哀楽を経験し、そこから、何を得てきたのか思い返してみよう。

その作業のきっかけとなれば、年齢の重ね方のヒントになれば、とここで私の経験を開陳する次第なのである。

そう思っていた矢先、思いがけず、日本政府より旭日小綬章という名誉ある章を授与された。当初は辞退するつもりだったが、私個人へのものというより、日本語教育に貢献したJET日本語学校の理事長としての職責に与えられたものと考え直し、素直に頂くことにした。台湾からやってきたプレイガールに、こんな名誉を与えてくれた日本という国に改めて謝意を述べさせていただきたい。

二〇一七年十一月吉日

金 美齢

九十歳 美しく生きる

◇目次

はじめに　歳をとることはすばらしい　3
「放蕩息子の帰還」の前に立って　4
「喜怒哀楽」の数が人生を美しく磨きあげる　8

第一章　「家族という病」はありえない　17
——声高な少数派の主張を「常識」にしてはいけない
ノイジー・マイノリティ　19
家族は個人の敵か　22
上野千鶴子さんへの違和感　23
「戦後民主主義」の虚妄に絶対的価値観を見出した人　25
摩擦や軋轢は人間を成長させる砥石　27

第二章　人生の喜び、人と出会う喜び　29
——歳を経るごとに輝く一生ものの友情、信頼

「金さまに言われた言葉がずっと心に残っていました」 31
大家族から学んだ人間関係の機微 37
運命の男性《ひと》との出会い 47
歳を経るごとに輝く一生ものの友情 57
育児を理由に、自分の人生に妥協しないと心に決めた 67
わが家の子育てルール 72
仕事上の関係も信頼や友情をプラスした関係に 82

第三章　怒りをエネルギーにかえて
——台湾独立運動に捧げた半生 91

私のほうが、よほど真のラディカリストだ 93
台湾人二万八千人が虐殺された二・二八事件 98
早稲田大学第一文学部に留学する 105
私の魂を揺さぶった『台湾青年』 110

パスポートを奪われ警察に追われて 116
つまらないケンカをしない、ケンカはエレガントにする 122
堀江貴文さんは世の中をなめている！ 135
NHKスペシャル裁判騒動 139

第四章 哀しみをのりこえる 147
――台湾人に生まれた悲哀

台湾人に生まれた悲哀 149
台湾語、日本語、中国語の間にあって、どの言葉も中途半端 155
パスポートのない人間の不安と屈辱感は、言葉では伝わらない 161
日本パスポートは〝五つ星〟のパスポート 165
最愛の人との永遠の別れ 170

第五章 密かな楽しみ 179
――誰にでもできる美食とおしゃれと人づきあい

美食は朝食から始まる 181
値段より、好きなものを選び揃える手間、それを楽しむ 184
自分のおしゃれを確立する 189
色恋なしの異性の友達を持とう 196
たかがテレビ、されどテレビ 201
「飯食いねぇ、食いねぇ」と人をもてなす 209
若い人たちの支援をするのが高齢者の務め 213
「美齢塾」という人生最後の仕上げの仕事 214
「ありがとう台湾オリジナルTシャツ」 222
真夏の夜の夢 231

おわりに　自立した品格のある老後を送るために 236
どんな老後を迎えるかは、どう生きていたかの結果だ 239
美しく歳を重ねるということ 243

まだ数年は現役で働く 245

本書は二〇一一年に小社より刊行した『美しく齢を重ねる』に第一章などを加筆し改題した改訂版です。

装幀　ＷＡＣ装幀室（須川貴弘）

第一章

「家族という病」はありえない

声高な少数派の主張を「常識」にしてはいけない

2017年8月　ロシアのウスペンスキー聖堂前にて

ノイジー・マイノリティ

去年（二〇一六年）、『家族という名のクスリ』（PHP研究所）という本を上梓した。というのも、たまたま『家族という病』（下重暁子著、幻冬舎新書）が出てベストセラーになっていたので目を通したところ、あまりの独断と偏見に満ちた内容だったので、これは言うべきことを言っておかないと大変なことになると思って。お節介老人として声を挙げることにした次第だった。

日本の社会は、物静かな多くの人々＝サイレント・マジョリティに支えられているが、彼らは良識を持つゆえに、手前勝手な思い込みで他人を見下したり、決めつけたりすることを決してしない。それはとても健全で素晴らしいことだが、一部の大声で騒ぐ人々＝ノイジー・マイノリティが、彼らの特異な主張があたかも社会通念であるかのような言説を流布している。これは大問題だ。下重さんの特異な主張が、そうなることを恐れたのだ。

マスメディアは、昔から「異《い》な言説」を口にする人を重用してきた。例えば、美味しいものを「おいしい」とか「うまい」とか言っても面白くないから、タレントに「まいうー」とか言わせたりする。それにも飽きたらず、メディアはもっと強い刺激を求めるようになっていく。

はじめは、わざと「非常識な言葉」、「不健全な言葉」を吐く人たちを取り上げることで話題作りを狙っていたのだと思うが、長らく続いた戦後の欺瞞《ぎまん》の下で、しだいに「不健全な言葉」が一人歩きを始め、ついにはメディア自身が「逆説としての面白さ」を演じてみせているという自覚を失ってしまったのではないか。

たとえば、私は過去に出演していたテレビ番組で、過激な女性学研究家の田嶋陽子さんと議論したことがある。そのときのテーマは少子化問題で、まさに昨今の状況と同じ。

私は「産まない選択」という主張ばかりがクローズアップされることに疑問を持っていたので、二人の子供を産み、育てている者として「産んだ幸せ」の意義を話したことがある。

「多くの女性が結婚して子供を産み、育てているなかで、やはり同じような経験をしないと、本当の意味で大多数の女性の代弁者にはなれないのではないか」と言うと、田嶋さんは「イマジネーションがあるだろう。殺人を経験しなければ殺人について語ってはいけないのか」と言い出し、その上、「仕事を持つ女性が子供をもうけ、育てることの大変さがわかるのか！」と喚《わめ》き始めたのには閉口するしかなかった。ちなみに、田嶋さんは結婚しておらず、子供も産んでいないという。

それでも彼女は人気絶頂で、不人気なのは私のほうだった。そういう意味でいえば、NHKの人気アナウンサーでもあった下重さんの本は、テレビ的な非常識を象徴する一冊であるようにも感じる。

下重さんの言葉の底に流れているのは、戦後に称揚された〝進歩主義〟を絶対視する、いびつな感情なのだろう。それを一言でいえば、すべての共同体に反発して、否定すること——分かり合うことを否定しているということになるだろう。

家族は個人の敵か

戦後日本人の一部の人々は、国家は常に個人の敵だと主張している。下重さんが「家族」を「個人の敵」だと主張するのも、同じ理屈だろう。国家を大きな共同体だと考えれば、家族は小さな共同体だ。その共同体について、下重さんは疑いの目を向けるどころか、このように一方的に断罪するのだ。

〈家族団欒の名の下に、お互いが、よく知ったふりをし、愛し合っていると思い込む。何でも許せる美しい空間……。そこでは個が埋没し、家族という巨大な生き物と化す／仲の良い家族よりも、仲の悪い家族の方が偽りがない。正直に向き合えば、いやでも親子は対立せざるを得ない。どちらを選ぶかと聞かれれば、私は見栄でつくろった家族よりも、バラバラで仲の悪い家族を選ぶだろう〉（前掲書）

下重さんが〈バラバラで仲の悪い家族〉を選ぶのは勝手だが、なぜ〈仲の良い家族よりも、仲の悪い家族の方が偽りがない〉と、他人の家族の事情まで決めつけるのか。でも、その独善的な見方よりも、もっと大きな問題は、彼女の論法には「○と×」だけしか存在しないということの方だろう。家族を〈病〉だと決めつける下重さんの頭の中からは「仲の悪い家族が、互いに思い合うことを経て、仲の良い家族になる」、あるいは「よく知ったふりではなく、よく知るよう努める」といった「対話」や「努力」の選択肢が、ハナから抜け落ちているように思われてならない。

上野千鶴子さんへの違和感

同じような違和感は「おひとりさま」なる用語を広めたフェミニストの上野千鶴子さんに対しても感じる。

〈生きるとは迷惑をかけ合うこと。親子のあいだならとめどなく迷惑をかけてもかまわない、と共依存をする代わりに、ちょっとの迷惑を他人同士、じょうずにかけ合うしくみをつくりたいものです〉(『おひとりさまの最期』朝日新聞出版)

このように上野さんは言うが、〈とめどなく迷惑をかけても構わない〉などと考える親子を、彼女はどれほどたくさん見てきたのか。私は八十数年間生きてきたが、ついぞ、そんな「家族」を見たことはない。少なくとも、私の周りには存在しない。

家族と個人が最終的には対立しないように、国家と個人も、最終的には対立しない。その事実の一部として、私の個人史をお話しすることもできる。詳しいことは第二章以降で述べるが、一九五九年から日本に留学して早稲田大学で学んでいた頃——台湾の民主化運動を推進したために——私は台湾のブラックリストに載せられ、政治難民となった。

たしかに、このとき、私(個人)と国家は対立していたが、当時の台湾は「戒厳令下の独裁国家」だった。一方、日本は紛れもない民主国家だった。誤解のないよう強調するが、「独裁国家」と「自由を求める個人」は最終的に対立する。

しかし、民主国家と個人との関係は違う。私は独裁国家の台湾に入国を禁止されたが、李登輝さんが台湾の民主化を進めたことで、ふたたび入国できるようになった。だから、今の私には二つの母国がある。日本と台湾をともに愛することができるのは幸せなことである。

「戦後民主主義」の虚妄に絶対的価値観を見出した人

先に大きな例を出したが、小さな共同体である家族と個人の関係も同じだ。思い合う気持ちがあれば、ときに状況は変わるものだ。ところが、下重さんは対話そのものを拒絶し、個人の殻に閉じこもってしまっているようにさえ見える。

彼女の父親は陸軍将校だった。その父に対して、こう述べている。

〈二度と戦争や軍隊はごめんだと言いながら、その後日本が力をつけ、右傾化するにつれ、かつて教育された考え方に戻っていくことが、私には許せなかった。父と顔を合わせることを避け、不自由な足をひきずりながら歩いてくる姿を見つけると、横道へ逸れた。（略）私は父を理解することを拒否したのだ。父と意思の疎通をはかろうとすることをやめ、以後老人性結核で亡くなるまで、仕事の忙しさを理由に入院している父の見舞いにも行かなかった〉（前掲書）

母親に対してもこう書く。

〈私のためなら何でもした。娘のために生きているような人で、あらん限りの愛情を注いでくれることがうとましく、私はある時期から自分について母には語らなくなった。（略）もっと自分自身のために生きてくれたら、私はどんなに楽だったろう〉

〈「だんだんお母さんに似てきたわね」と言われて、どう思うだろう。嬉しいと思うか、困った、と思うか。私は少なくとも後者である。親に似たくはないと思ってこの年までがんばってきた〉

〈私は戦争に負けたあの日から、自分で生きていこうと考えていた。母とは違う道を歩んでいくことを選んだのだ〉

こうした家族観は、いわゆる「封建的家族観を排した、ＧＨＱに称賛された「進歩主義」的価値観を絶対視したものと言えよう。戦前の日本の価値観を完全否定し、「戦後民主主義」の虚妄に絶対的価値観を見出した単純な人にありがちな考えというしかない。「個人主義」を「是」とした無責任な言説というしかない。

摩擦や軋轢は人間を成長させる砥石

いうまでもなく、自分にその気がなければ、家族は無論のこと、赤の他人とも誰とも分かり合えないに決まっている。もちろん、私だって娘や息子と衝突することはあった。何から何まで意見が一致するわけではないが、大事なのは、各人が「大筋で良い方向」を目指すことではないか。

摩擦や軋轢が人間を成長させる砥石《といし》になると思えば、自分が楽になるし、相手を察する能力を身につけることにもつながるからだ。結局、下重さんが書いているのは、自分の家族にさまざまな葛藤や問題があったということだけでしかない。

しかし、自分が辛いからといって、他の家族のことまで『病』だと決めつけるのはいただけない。愚痴を聞いてもらいたいのであれば、「社会問題として提起する」などと無理して肩肘を張らない方がいい。

私は家族を持って、この上なく幸せだった。この幸せは、家族を持たない人を貶《おとし》めることで逆説的に獲得した幸福ではなく、多くのサイレント・マジョリティが自然に感じ得ている幸福なのだと思っている。家族はじつに素晴らしい。これほど人生に効くクスリはないのだ。

第二章

人生の喜び、人と出会う喜び

——歳を経るごとに輝く一生ものの友情、信頼

紅毛城からの淡水河眺望

「金さまに言われた言葉がずっと心に残っていました」

二〇一一年八月初旬、山口県下関市のとある講演会に出かけたときのことである。下関は意外に交通の便が悪く、老齢の身の旅の負担を軽くするためには、いっそ福岡市まで飛行機のファーストクラスで飛んでから下関に移動したほうが疲れないだろうと判断した。

私の主な仕事は講演をすること。数年前までは月の半分は地方を回って講演を行う。連日、地方巡業のように飛行機や新幹線をつかってあちこち移動する。助手も荷物持ちもいない。必要な衣装や着替えを長年愛用のバリーのキャリーバッグに詰め、一人で旅をする。飛行機の予約などは秘書がやってくれるが、どのルートで入るかを決めるのも私だ。

この時も一人。

羽田から福岡行きのＪＡＬに乗り、ファーストクラスのシートに落ち着いて、ふう、と一息ついたときのことである。若い女性のパーサーから「金さま」と声をかけられた。

「以前、ロンドン発成田行きの便でお世話したことがあります」。

しょっちゅう講演旅行にでかけ、しかも乗る飛行機はＪＡＬと決めているものだから、二度、三度と顔を合わせるパーサーは少なくないとは思うが、私がロンドンに行ったのはもう七年以上前のこと。顔をあげて彼女の顔をじっと見つめても見覚えがあるような、ないような。

そこで記憶の糸を手繰り寄せるように思いだしてみる。前回、ロンドンに旅行したのは、夫の周英明が生きていたころだ。それが夫婦二人でいった最後の海外旅行となった。たまっていたマイレージを活用したので、夫婦旅行でありながら行きも帰りも周はＡＮＡ、私はＪＡＬと別々だった。周は、ファーストクラスは嫌だ、飛行機で体を横にすると落ち着かないからビジネスクラスがいいと主張しＡＮＡのビジネスクラス。私はファーストクラスがいいのでＪＡＬのファーストクラス。

帰りの飛行機は、日本がちょうど台風に見舞われた時期で、フライトスケジュールは乱れに乱れていた。周のＡＮＡ機の離陸が三時間遅れることになり、私のＪＡＬ機が先に飛ぶ予定だった。

「私のほうがきっと先に家に着いているわね」と別れを告げて、それぞれヒースロー空港内のＡＮＡとＪＡＬのラウンジに入った。ところがその後にＪＡＬ機の離陸も遅れるとのアナウンスが入った。「周が帰宅したとき、私がまだ家に到着していなかったならば、さぞ心配するわ」。そう思って、私は再び広いヒースロー空港の中、ＪＡＬのラウンジからかなり距離のあるＡＮＡのラウンジまで、夫に離陸遅延を伝えに行った。

　すると、さっき別れたばかりの周が、何年も生き別れていた恋人のように「また会えた！」と言わんばかりの喜びようで迎え、ＡＮＡのラウンジをまるで自分の家のように「ささ、中に入ってくつろいで」と、かいがいしく私の手をとり座らせた。その様子が、大げさで、おかしくて、思わず笑い出したのだ。

　パーサーの顔は思い出せなかったが、そんな、たわいない亡き夫との思い出が、昨日のことように脳裏によみがえり、胸に暖かいものが広がった。

「たしか、台風で離陸が遅れたのでしたね」と言うと、彼女は「はい。私はそのとき、金さまに言われた言葉がずっと心に残っていました」と答えた。

どんなことを彼女に言ったのかしら、と思い出せないでいると、彼女はこう続けた。

「私が『離陸が非常に遅れて大変申し訳ありません』とあやまったとき、金さまは『きちんと気象状況を調べた上での判断でしょう。乗客の安全を時間より優先してくれて、むしろお礼をいいたいくらいだわ』と言ってくださいました。そこまで信頼していただいたことが忘れられずにいました」。

発言者ですら忘れていたその言葉は、パーサーがその後仕事を続けていく上で大きな励みになり、私のことをずっと覚えていてくれていたという。

これには少なからず感動した。人との縁とは奇妙なこと。何気なく交わした言葉がずっと、人の心に残り、顔すら覚えていない人との絆になっていたのだ。そして、思いがけず再会したことに、言い知れぬ喜びを感じる。彼女のことは覚えていなかったけれど、彼女が再会の喜びを伝えてくれたことで、私は忘れていた、亡き夫の優しさを突然思い出し胸の内を暖かいもので一杯にして、一時間五十分の空の旅を楽しむことができた。

彼女に帰りの便を告げると、「私はその便も同じファーストクラスをお世話しております。ではまた会えますね」と顔を輝かせてくれた。そうして、実際に講演を終えて再び機上の人となったとき、「また会えた！」と私も声をかけたのだった。

私にとって、人との出会いは何にも代えがたい第一の喜びである。講演の仕事も、テレビの仕事もずっと続けてきたのは、そこに人との出会いがふんだんにあるからだ。そして、ときに一期一会《いちごいちえ》の出会いは私がうっかり無感動に通り過ぎてしまっても、相手のほうから後を追って声をかけてくれることがある。そのとき重要なことは、相手に向かってどういう言葉を発したか、である。何気なく交わした言葉が時を経ても人と人を結びつけ、再会したことを喜びあえることもある。言葉とはそれほど大事なのだ。講演を主な仕事としている私には、言葉は命。言葉が、こんな風に大切な人との巡り合わせをもたらすこと、それが何よりも嬉しい。

しかし、ときには、ずいぶんきつい物言いをすることもある。「金さんの言葉は容赦ない」と言われることもあった。

二〇一〇年の暮れ、伊丹空港から羽田空港に帰るとき、ＪＡＬのカウンターの手違いで予約したチケットと違うボーディングパスが発行され、予定していた飛行機に乗れないことがあった。ゲートまで行き、予定の飛行機に乗ろうとしたときになって、ようやく気付いた。カウンターは予定の飛行機のファーストクラスはすでに埋まり、ウエイティングまで出ていて、どうしてもボーディングパスの修正がきかない、という。しかし、私は別の仕事の予定が入っておりどうしても、その飛行機で東京に帰らねばならない、と言い張った。

すったもんだの末、なんとか元のチケット通りの飛行機に乗れるようになったのだが、このとき私は腹立ちまぎれに「ＪＡＬもずいぶん落ちぶれたわね」と捨て台詞を吐いてしまった。信じられない初歩的ミスだったから。

女性パーサーが、私の一言を励みにして、いつまでも覚えていてくれたように、あのＪＡＬカウンターの女性も私の捨て台詞をいつまでも覚えているかもしれない。ひょっとしたら、彼女の仕事や人生にマイナス影響を与えてないかしら、と今頃になって少し後悔している。

言葉には人を励ます力、人を呪う力がある。宝物のような人との出会いは、よい言葉を発することからもたらされる、と折に触れて心の中で思い返すことにしている。

大家族から学んだ人間関係の機微

人間関係の複雑さ、面白さ、妙を最初に学んだのは小さいころの家庭環境の中でだった。私の背景をあまり知らない若い友人たちはよくこう言う。

「金さんは、実はものすごい上流階級のお嬢様でしょう?」

それは私の美食家で着道楽の様子をみて推測するのだろうが、正確に言うと上流階級出身でもお嬢様でもない。ちょっと金持ちの家に居候していただけである。

父は普通の商社マンだった。父の父、つまり父方の祖父は、元は上流階級といっていいが、すっかり没落していた。父方の祖父の家のことは詳しく知らないが、清朝の役人だったと聞いている。金という名字は満洲族に多く、ひょっとすると満洲族の血が入っているのかもしれない。父は祖父の第四夫人の息子で、一家の男子の中では六男坊、つまり跡取りにはなれない「冷や飯食い」の立場。しかもその第四夫人は祖父の死後、番頭（管家）と駆け落ちしてしまった。父としては、祖父の家に居づらいこともあって、早々に自立し、「上流階級」の実家とはほぼ完全に縁を切っていた。

私の名前・美齢は父がつけた。名前の由来をきくと、当時父が貿易の仕事で扱っていたのが米で、米齢とつけたかったのだが、米と発音が同じの美を使った美齢としたという。蔣介石《しょうかいせき》夫人、宋美齢《そうびれい》からとったのでは、という人もいるのだが、父が語ったことは「美齢の美《ミ》は米《ミ》のことだよ」。日本語でアメリカのことを米国といい、台湾語では美国というように、美は米の変わりに使われる字なのだろう。

父はまじめで誠実な人だったが、体が弱かった。私が小学校の高学年のころには、結核を患い入退院を繰り返す療養生活に入った。なので、母は私と二歳年下の妹をつれて、母方の実家に行き、居候生活をするようになった。

この母方の実家は「茶行《ちゃこう》」を営んでいた。茶行とは、茶を栽培し焙煎し生産・輸出するお茶屋のことである。茶は当時の台湾の主な輸出農産物であり、茶行を営んでいるということは金持ちの証でもあった。

淡水河《たんすいが》が流れる台北は昔のベニスのように、水運が物流を支える貿易の町であり、淡水河沿いには大きな茶行が並び、自前の船着き場から大量に茶を出荷し、そのまま海外にも輸出していた。母方の祖父の茶行は、その淡水河から一本奥に入った通りにあるので、当時の主力の大茶行よりもややランクの低い、セカンドクラスの商売をしていたのだと思う。しかし、かなり豊かな家であったことは間違いない。

母方の祖父は、一代でこの茶行を築きあげた。だから伝統ある上流階級というよりは、むしろ成り上がりの部類に入るかもしれない。

父方の祖父と違って、夫人をたくさん抱える色好みではなく、敬虔《けいけん》な仏教徒だった。なので、第二、第三夫人の家族が同じ屋根の下に暮らすような複雑さはなかったが、長男から三男までがそれぞれ自分の家庭を同じ建物内に持っていた。それだけでなく科挙試験合格者〝秀才〟を別荘で世話していた。当時の金持ちたちは、才能ある人間を「食客《しょっかく》」として養うことが、ある種のステイタスではあったが、この「食客」はプライドだけは高いくせに、「アヘン」におぼれて何もしない〝ろくでなし〟だった。そこへ私たち母娘が「居候」として転がりこんできたので、それはそれは大変な大家族だった。

祖父母や叔父や叔母、大勢のいとこたち、使用人たちと一緒に、このお茶の香りの立ち込める大きな家で子供時代を過ごした。たくさんの大人や子供にもまれて生活することは、私にとって人間関係をうまく形成するためのスキルや人間観察眼をたたき込まれた実践の場であったと思う。

この大家族の中でいじめられたり、肩身の狭い思いをしたりすることはなかったが、たとえば本家の子供たちには毎月決まったお小遣いが与えられるのに、私と妹はお小遣いが貰えない、といった「居候」の立場を思い知らされるような区別は厳然とあった。また祖父はさきほど触れたように敬虔な仏教徒で、圓山飯店（当時は台湾神社）のふもとにある別荘の庭に一族代々のお骨を納める立派な納骨堂を建てたのだが、その納骨堂には、外に嫁いだ母親、私、妹は入れてもらえない、と告げられた。

しかし、それをうらやましい、妬《ねた》ましいと思ったことはまったくなかった。そういうものだと素直に受け入れられた。私は本家の子供たちよりずっと成績優秀であり、内心彼らを少し馬鹿にしていたところもあった。ねたみなどのマイナス感情をプライドに置き換えて心の滓《おり》としない生き方は、このころ身につけた人生スキルのひとつかもしれない。

この大家族で一番実権を握り、誰も逆らえないゴッドマザー的な存在だったのが祖母だ。家族の誰もが祖母にすり寄り媚《こび》を売ろうとしたが、そういうことにも私は興味がなく、できるだけ距離を置くようにしていた。ただ、さまざまな人間関係を注意深く観察し、たくましく生き抜くことを、子供ながら自然に考えていた。

この大家族での暮らしは、自分が距離を置いて冷静に観察してみるとむしろ、大変面白く勉強になった。祖父は一代で茶行を築いた有能な人だったが、その子どもたちは典型的なドラ息子だった。息子は三人。娘は私の母親一人だけだった。

長男は〝古いタイプのプレイボーイ〟で、第二夫人をもち、昼間からマージャンやカードゲームなど賭けごとにふけった。美食家で働かずに遊んで食べて、家の財産を食いつぶしていった。祖父が現役であったころ、引き出しからちょくちょく現金が消える事件があった。祖父が〝泥棒〟を捕まえるために、寝ずの番をたて、犯人を捕まえてみたら、長男の仕業だったという逸話があるほどだ。

二男は〝新しいタイプのプレイボーイ〟だった。背が高くおしゃれでダンディ。社交ダンスなども大変上手で、小学生の私に最初にワルツを教えてくれたのはこの二男の叔父だった。

「美齢、ワルツって知っているかい？　ポンチャッチャ、ポンチャッチャ…」

そう言って、小さな私の手をとって、レコードに合わせてワルツのステップを踏んだものだった。この洗練されたハンサムな二男の叔父のことは大好きだった。叔父に手ほどきされた社交ダンスは今も華麗に踊ることができる。

この叔父は、大変な色男であり女性に苦労せずモテたので、なかなか結婚相手が決まらなかった。ゴッドマザーたる祖母は二男を溺愛しており、三国一の花嫁を二男のために探そうと懸命だった。ついに名門女学校の台南高女を卒業した素晴らしい才色兼備の理想の嫁を探してきた。祖母はこの二男夫婦のために、盛大な結婚式をあげ、豪勢な新居を大家族の建物内に用意した。私もこの新居に招かれたことがある。立派な天蓋《てんがい》つきの広いベッドや、最新の蓄音機と音響装置などがそろっていた。

ところがこの叔父は結婚後まもなく、この美しく聡明な妻を残して上海に出奔《しゅっぽん》してしまう。戦局が厳しくなるにつれ、自由を愛する奔放なこの二男は、台北での生活を息苦しく感じるようになっていたのだ。当時、もっとも活気にあふれ文化の華が咲き乱れた上海は、叔父のような好奇心が強く刺激に飢えていた人間たちを誘蛾灯のように引き寄せる魔都でもあった。叔父はその後、二年あまり、終戦まで上海から戻ってこなかった。向こうで何をやっているのかは分からなかったが、なぜか李香蘭《りこうらん》とツーショットの写真などがたまに送られてきた。

その間、残された才媛の妻は、おとなしく夫の帰りを家で祖母に仕えながら待っていた。彼女は知的で話が面白く、私と妹をよく可愛がってくれた。お芝居や海水浴によく連れて行ってくれたし、家に招いて最新式の音響装置でクラシック音楽を聞かせてくれたりもした。私たちも彼女をとても慕っていた。お互いよそ者同士として無意識に寄り添っていたのかもしれない。

ところが、戦争が終わり、二男が上海から戻ってくると、彼女は祖母にいきなり離婚を申し入れた。そして、唐突にこの大家族から去ったのだった。なぜすぐに離婚せず二年以上も二男の帰郷を待っていたのか。せっかく二年余り待って、さあようやく夫婦で暮らせるという段になってなぜ離婚したがったのか。まだ幼かった私には男と女の複雑な感情はついに分からずじまいだった。私は漠然と、それも一つの女のプライドというものではないかと想像している。

叔父はその後、かなり長く独身でいたが、最終的には、美しいが貧しい家の無学無教養な女性を妻に迎えた。「下着一枚すら嫁入り道具を持ってこられなかったので、こちら側ですべて用意した」と従兄から聞いたことがある。しかし、その〝無教養な妻〟は、子供を三人産み、気がつけば大家族の中で確たる主婦の地位を築いていた。

三男が祖父母の息子たちの間で一番、常識人だった。祖父の片腕として沖縄支店の責任者として長らく派遣され、家業をまともに継げるのはこの三男しかいないと言われていた。しかし、戦局が悪化したおりに沖縄から台湾に戻る途中、乗っていた船が米軍艦に撃沈されて、海の藻屑《もくず》となってしまったのだった。

私の母親は、この茶行の大家族において、やや特殊な立ち位置にいた。祖父母にとっては唯一の娘だが、台湾の伝統において外に嫁いだ娘は一族にとっては部外者だ。しかし血は繋がっているので甘やかされる。大家族の一員としての義務、たとえば食事を作る当番などの家事の負担からは外されているが、わがまま全開が許されるのだった。

長男から三男までの嫁たちは、それぞれ一週間交代の輪番制で、ゴッドマザーたる祖母の指導のもと主婦としてこの大家族の家計を切り盛りする義務があった。一週間分に使う食費を預かり、献立を考え使用人に指示をして何十人分かの食事を用意するのが主な仕事だった。これはなかなか重労働で頭も使う仕事だ。当時は冷蔵庫などなかったので、毎早朝、肉や魚を買いに行き、買って食べきれない食材は保存食にしなければならない。急な来客が来れば、それに合わせて食事も用意する。

母は、そういう家事仕事に一切加わらず、毎日きれいに着飾って芝居や音楽会、ダンスパーティに出かけて行った。彼女の遊び相手は弟、つまりダンディな二男だ。母は派手な人だった。私は母にそっくりだと思う。美食とおしゃれと贅沢を愛し、ちやほやされるのが大好き。音楽、芝居、芸術など美しいものも大好き。わがままで奔放なプレイガール。

私はあまり母親が好きではなかった。どちらかというと、ああいう女性になってはいけない、と考えていた。母親は勉強が嫌いで、学校に行っていない。勘のいい人で頭は良かったかもしれないが、知性が感じられなかった。「あんなふうにわがまま放題で、自分の欲求をコントロールできないのは学問をしなかったせいだ。あれが学ぶということをしなかった人間の限界なのだ」と漠然と察知していた。

母親を反面教師として私は知的好奇心を燃やし、本を片っ端から読んでいた。母親と同様、勉強は大嫌いだったが、読書は面白かった。母親は本が嫌いで、私が読書にふけっていると、本なぞ読むなと怒るような人だった。そう言われると、逆にむさぼるように本を読んだ。思春期から青年期にかけての私の読書量は膨大なものだろう。それは大家族の中で培った人間観察とともに、人間や人生というものを教えてくれる教科書となった。

母親が嫌いだった、というと、よくそれは人生のトラウマだと言う人がいるけれども、そうは思わない。母親が好きになれなかったことは特に悲しいことではなかった。逆に、ああいう女性にならないためにはどうするべきか、考えさせられた。自分にそっくりな女性をみて、そこから何を学ぶかを得たのだ。

いまどきの社会は、良き母親でなければいけない、と考えたり、子供が苦労や困難を味わったりしないように配慮するのが母親だという価値観が幅をきかせているが、必ずしもそれが正しいわけではないだろう。母親が反面教師になることもあれば、苦労や困難と直面することで学び得ることもたくさんある。

好きになれなかった母親を含めて、私は子供時代の大家族の中から、人間関係の機微、人生哲学といったかけがえのないものを多く学び得たのだ。あの時代に生きる「わがまま娘」の姿は、まかり間違えば、私そのものなのだ。

運命の男性《ひと》との出会い

大家族にもまれて育った私は、「おませ」な少女だったのではないかと思う。自分で言うのもなんだが、少々可愛いほうだったと思う。周りの男の子たちはそれなりに気になるようで、中学のころは、台湾筆頭の男子中学校・建国中学の男子たちが待ち伏せしたり、ふざけて見せたりすることもあった。根がフランクな人間で、あれこれ読書もしていたので、多少の恋の駆け引きめいたこともできるようになっていた。

初恋は高校二年生のとき。

年上の建国中学の男子学生からホームパーティに誘われた。たぶん、その学生は私に気があったのだと思う。いずれにしろ、ダンスは大好きなので断る理由はない。当時のちょっとお金持ちの家庭では、家でレコード鑑賞したり、社交ダンスをしたりするパーティが流行っていた。その男子学生の家の向かいに家電商店があり、青年が一人、店番をしていた。あなたもパーティにおいでよ、とみんなで声をかけると、その青年もやってきた。

彼は甘いマスクで背が高く、ダンスがとても上手だった。アルゼンチン・タンゴのレコードがかかった。アルゼンチン・タンゴは社交ダンスの中でも、ひときわ難しい。叔父から社交ダンスを小学校のころより教えこまれていた私はダンスが得意。「誰かアルゼンチン・タンゴ踊れる人いない？　踊ろうよ」と呼びかけると、その青年が「僕、踊れるよ！」と手を挙げた。

踊ってみると、息がぴったりあった。あっという間に私は、この七つ年上の青年と恋に落ちた。

後で聞くと、彼はアルゼンチン・タンゴを踊ったことがなかったのだという。でも、私とどうしても踊りたくて手を挙げたのだと。そういう男心に女は降参する。

交際が始まると彼はとても献身的だった。台湾の学校ではお弁当を持参する。お弁当は昼になると学校が蒸《ふ》かして温めてくれるのだが、そうすると味が落ちるので、好き嫌いの多い私は家から出来立てのお弁当を届けてもらっていた。そのお弁当を届けるのは彼の役目になった。七つも年下の彼女のために、毎日お弁当を届けるなんて、愛されているのねぇ、と皆から冷やかされた。

彼の父親はベトナムで貿易の仕事を手広くやっていた。その影響もあって彼は工業専門学校を出たあとフランス留学を目指し、サイゴンで一年半ほど滞在したが、経済的理由などで結局、その夢をあきらめなくてはいけなかった。そういう挫折感を抱え、憂いを帯びたところが、メロドラマの主人公みたいだった。流暢なフランス語が話せるところも、少しおませな、しかしその実、とても初《うぶ》な女学生にはとても魅力的に思えた。

そうやって一年あまり、学校にお弁当を届けてもらい続け、献身的な深い愛情を注がれて、高校を卒業するとすぐに、彼に嫁いだのだった。

これは人生で二度経験した結婚のうちの最初の結婚である。若くて勢いだけの初恋の結果の幼い結婚だった。決して苦い思い出ではない。青春のひとこまであり、二人ともそれなりに一生懸命だった。だが、わがままで幼い私の夫婦生活は長続きせず、やがて離婚となった。

私の人生に最も多大な影響を与え、実り豊かな素晴らしいものに変えたのは二度目の結婚相手、周英明《しゅうえいめい》との出会いだ。数多くの出会いの中で、最も知的な人。無条件に敬意を払える相手。それは男女の惚れた腫れたといった種類のものとは少し違うかもしれない。そんな甘ったるいものでも軽いものでもない。同志愛とも言えるし、人間としてのお互いの心からの敬愛の念が基礎になっている破られることのない信頼関係とも言える。彼は絶対私を裏切らない。私もそれに答える努力をした。二人のつながりは台湾独立運動という政治理念に深く関わっている。彼が亡くなったあとも、その絆は変わらない。

周との出会いは、確か私が日本の早稲田大学に留学して三年目のことだ。

東京大学の台湾人留学生が集まる勉強会に参加しないかと誘われた。当時、東京大学農学部博士課程に在籍していた、知る人ぞ知る戴国煇《たいこくき》さんが主宰する会だった。ある日、たまたまゲストスピーカーに招かれていたのが東京大学に国費留学中の英才とうたわれていた周英明だった。周は主宰者の戴国煇さんと激しい論争を展開した。細かい内容はもう忘れてしまったが、「日本が学問研究の場として相応しいかどうか」というテーマだった。戴国煇さんは言外に中国のほうに惹かれると主張し、周は「日本のほうが自由だ」と反論した。お互いはっきりとは口に出していなかったが、根っこは「社会主義VS自由主義」の議論だった。

ちょうど停電がおきていて、部屋の中は真っ暗だった。大勢の学生たちが醸す熱気にあおられて、両者の議論は白熱した。その暗闇の中で、周は素晴らしい日本語を操り、戴国煇さんが左派であること明らかにしていった。あとで判明するのだが、この勉強会は、当時はまだ左派であることを公言していなかった戴国煇さんが台湾人学生たちをオルグし、自分の政治運動のための組織をつくるのが目的だったのだ。

周は日本生まれ、終戦で台湾に引き上げるまで、日本で育った台湾人なのだから日本語が素晴らしいのは当たり前なのだが、私はそうとは知らず、台湾人の理系学生でこれほど見事に日本語を駆使する論客がいることに感動し、同時に彼が私と同じく台湾独立派である同志だと確信し、興味を深めていった。議論は平行線をたどり、結論が出ないまま、両者が息をついた。その時、私がさらりと戴国煇さんにこう言った。

「戴国煇さん、それほど中国が学問研究の場に相応しいと思っていらっしゃるのに、あなたは自分の学問研究の場として日本を選択したのですね」。

戴国煇さんは二の句がつげなかった。

この時、周は、およそこういう勉強会に参加するとは思えない派手な感じの女子学生が、一言で戴国煇さんの急所をついたことに、目をまるくしていた。中国語で「一針見血」という状況を、彼は長い論争の果てに見たのだった。

次に彼と会ったときは、台湾独立派の仲間内で食事会を開いたとき。彼も参加していた。この時、私は彼に「『台湾青年』に孫明海のペンネームで投稿しているのはあなたでしょう?」と、ずばり言った。彼はこの時、肯定も否定もせず苦笑いしていた。

私の台湾独立運動の経験は別の章で詳しく説明するつもりだが『台湾青年』という

雑誌については、ここで簡単に触れておこう。

私が早稲田大学に留学した一九五九年の翌年、つまり一九六〇年、東京で創刊された。発行者は王育徳《おういくとく》氏。一九四九年に台湾から日本に亡命し、東京大学文学部、大学院で台湾語と台湾アイデンティティーを研究した人物だ。日本に留学している台湾人学生の政治運動と対日宣伝工作を展開するための台湾青年による日本語隔月刊誌で、私はこの雑誌の創刊号を手にとった瞬間、電撃に打たれたように、自分が台湾の独立を願っていることに覚醒した。人生の方向性が一八〇度くらい変わってしまったのだ。気がつけば、徐々に台湾独立運動の最前線に押し出され、中華民国政府のブラックリストに入れられて、三十一年もの間、祖国・台湾から締め出される結果になるのだが、周英明はじめ素晴らしい人たちとの出会いももたらしてくれた。今も私にとって大切な運命の雑誌である。

毎号、この雑誌を丁寧に読んでいたので、孫明海の主張と豊かな日本語の表現力が、戴国煇と激しい論争を展開した理系の台湾人東大生のものであると確信していた。その素晴らしい文章に、いつしか惚れていたのである。

後で周はこの時のことを思い出して、このペンネームが孫大川という名の親友からとったという話をしてくれた。その親友と「いつか一緒に日本に留学しような」と約束していたのだという。しかし孫大川さんは予備軍官として金門島に徴兵されている間、胃がんを患い治療が遅れて命を落としてしまった。周は、もし親友が一緒に日本に留学していたならば、やはり台湾独立運動に参加するだろう、そしてこの雑誌の発行に力を尽くしただろうと思い、このペンネームで投稿したのだ、と言った。

この時点で、まさかこのまじめ一辺倒の優等生の周が私に思いを寄せているとは想像もしていなかった。男性としてはまったく意識していなかったのだ。

ある日、彼から電話がかかってきた。彼は東大の台湾同学会の選挙に立候補して落選し、ショックを受けていた。愚痴を聞いてほしいようで、訪ねて行きたいという。私は当時、妹と二人で、学生にしては広いアパートを借りていた。ちょうど妹は里帰り中で私は一人だったこともあり、「どうぞ」と気軽に答えた。

彼が家にくると、一応の礼儀として昼食に台湾風の焼きビーフンを作ってもてなした。台湾人が遊びにくるときに、食事の用意は欠かせない。一緒にお昼を食べ、彼は台湾の政治、日本の問題、自分の追求する学問とさまざまな話題を延々と話し続けた。彼の持参した手土産の不二家のケーキも一緒に食べたが、なお夕刻になっても一向に帰ろうとせず話し続けているので内心、この人まだ居座るつもりかしら、と思いながら、「あなたおなか空かないの？」と帰宅を促すも、鈍感なのか「おなかなんか空かないよ」と答える。仕方がないので夕食を作って一緒に食べ、その後、ようやく帰ってくれた。

数度しか顔を合わせていないのに、我が家に上がり込んで、初めての訪問の日に二食も食べていったずうずうしい男性は、後にも先にも彼だけである。

その一週間後、また電話がかかってきた。「結婚を前提にお付き合いしてください」と。

「普通、電話でそんなこと言うものかしら」と私はあっけにとられながらも「ハイ」と答えていたらしい。こうして、予想もつかない展開で、彼と恋人同士になってしまった。

それまでの私の好みのタイプは背が高くて、ハンサムで、おしゃれで、ダンスがうまくて、お金持ちで、尽くしてくれる…そういう男性だった。周はハンサムでもなければ背が高いわけでもなく、ましてやダンスなんてやったこともなさそうな、お堅い優等生。ずうずうしく、初めての訪問で二食もご飯を私に作らせ、電話でプロポーズするような無粋者《ぶすいもの》。しかし、やはり特別な何かを感じたのだろう。恋愛というような甘い感情とは少し違う、この人は信用できる、尊敬できる、という直感である。何よりもまる一日、彼の話を聞いて、台湾に関する政治的意見、価値感が同じであることを知り、強い同志としての絆を感じていた。

恋人がイケメンで金持ちであるならば、それに越したことはないが、それは一生をともにするための絶対的条件ではない。最初の経験でそれはよくわかっていた。だから、私は彼に「ハイ」と答えたのだった。彼となら一緒に生きていける。この直感、この決断は今振り返っても、人生で最も正しい選択だった。

あとで、周になぜ私を選んだのか、と尋ねたことがある。彼はこう答えた。「僕の理想の女性は、自分の話すことを完全に理解し、対等に会話できる知的な人だった。姉にそういうと、『あなたと対等に話ができる知的な女性なんて一生見つからないよ』

と言われた。だけどあなたと出会って、『なんだ、ここにいたじゃないか』と思って、即プロポーズしたんだ」

周は私の顔やスタイル、ファッションや化粧など、いわゆる女の部分に何の関心もないようだった。しかし、「僕と対等な知的に話のできる女性」という評価は、最高の賛辞だった。もし、私たちが台湾にいたままならば、きっと出会わなかっただろう。

私はプレイガールで、彼はまじめな優等生で住む世界が全く違う。永遠に出会うことはない。思想と言論の自由がある日本で、同じ留学生として台湾の歴史と政治を考える機会を得て、出会えた。これは、台湾の未来を考えなければならない使命を負った知識人同士としての必然的な出会い。運命的出会いであったと、今、振り返っても思うのである。

歳を経るごとに輝く一生ものの友情

ふと偶然すれ違うだけのきっかけから、一生つづく友情が始まる。私にはそういう大切な親友が何人かいる。

私が一番長い付き合いをしている親友は如珠《じょしゅ》。中学校以来六十五年以上の友情を今も温めつづけている。しかし彼女と同じクラスになったことはない。

私たちが通っていた中学は、台北の総統府に近い第一女子中学だった。私の家は当時、新北投のあたりで、珠如は鶯歌《おうが》（今の新北市）の地主のお嬢様。ともに電車通学をしていた。

当時は台北駅から淡水線という鉄道がとおっており、北投駅から新北投駅までひと駅分の短い支線が盲腸のように出ていた。淡水線は後にＭＲＴ（マス・ラピッド・トランジット、地下鉄）に取って代わられたが、この盲腸のような短い鉄道は今も残っている。この支線を北投駅で乗り換えて淡水線で台北駅まで行き、駅から学校まで大通りが通っていて、これが私たちの通学路だ。子供のころは、この大通りが素晴らしく広い立派なメーンストリートのような印象だったのが、今見ると、狭いなんの変哲もない通りである。

台湾の学校では一日の授業がすべて終わったあと全校生徒が集まって降旗式を行う。

しかし私と如珠のような電車通学者は、電車の時間を考慮してその降旗式の出席を免除され、少し早く下校してよいことになっていた。私たちはクラスが違っても下校の時間と道が同じで、毎日毎日、おしゃべりしながら、道草しながら一緒に帰る仲となった。そういう電車通学グループは如珠以外にも何人かいたが、如珠とは一番仲が良かった。

如珠は、理由はよくわからないが、なぜか私のことが大好きだといった。性格は正反対。素封家のお嬢様らしくおっとりとして、誰に対しても争うことがないようだった。彼女が怒ったところを見たことがない。一方、私は気が強く、よく人と衝突していた。クラスメートで私とケンカしたことがない人はいなかったのではないだろうか。だからなのか、なぜなのか、ウマが合う。ほかのクラスメートが不思議がるほどだった。共通項は二人とも食いしん坊であったことだろうか。二人で下校の道すがら、よく買い食いした。

かき氷、お汁粉、小粒牡蠣のお好み焼き、汁そば、台湾特産の水菓子・愛玉子（オーギョチ）…。台湾は屋台売りのスナックがとてもおいしい。あそこにあんな店があるよ、これ味見してみよう…。毎日のように買い食いし、ぺちゃぺちゃとおしゃべりしながら、三十分で歩けるような距離を二時間くらいかけて歩く下校時間は、一日の中でもっとも楽しいひとときだった。

お嬢様の如珠は、いつもお小遣いをふんだんにもっていた。

私は現金をあまりもっていなくて、如珠が「あれ食べようよ」と言っても、お金が足りずに買えないことがあった。「私、お金がないからいいわ」というと、彼女は「私が払うから」と気前よくおごってくれた。私が遠慮しそうなそぶりを見せると「食べなさい」と命令口調で言うのだ。

本当のお嬢様というのは、欲がなく、一緒にご飯をたべても、たとえば一番おいしそうな魚の腹身の部分などを、私の皿にいれる。何か言おうとすると、有無をいわさないようににっこり笑って「食べなさい」という。根が食い意地の張っている私は、途中から抵抗せずに喜んで、戴くようになった。

如珠との友情は卒業しても続いた。如珠の結婚相手は、私のボーイフレンドの友人だ。私が縁をとりもつ形で結婚した友人は如珠を含めて二人いた。社交的な私は、人間関係が広く、友人カップルを成就させるのがうまかったのだ。

ただ、如珠はその相手との結婚を、父親から反対されていた。彼女たちの結婚式は私とボーイフレンドが準備したお手製の式だった。如珠が長男を産んだとき、誰よりも一番先に駆けつけたのは私だ。学生時代の買い食い代をもってくれた彼女には、きちんとこんな風にお返ししている。お互いが頼り頼られるいい関係だった。

しかし、私たちの友情が特別でかけがえのないものになったのは、私が日本に留学して、台湾独立運動に足を踏み入れた結果、国民党独裁政権のブラックリストに載った後だった。私は中華民国パスポートを剝奪《はくだつ》され、どこの国家の庇護も受けない〝宙ぶらりんの身〟となった。それまで私の社交の輪の中にいた多くの人が私から距離を置き始めた。そういう人たちを私は恨んでいない。当然だ。独裁政府のブラックリストに載った人間と交友があるとわかれば、情報漏えい罪やスパイ罪といった濡れ衣を着せられ、ある日突然投獄されることも、時には命すら危うくなることもあるのだ。

ところが、如珠は一向にそういうことに頓着しなかった。それよりも、「美齢、台湾に戻って来られないのね。あんな食いしん坊な彼女が、台湾の食べ物無しで生きていけるのかしら」などといって、今まで以上に気にかけてくれるようになったのだ。

それから台湾の民主化までの三十一年の間、彼女は、私の好物、台湾の懐かしい味を見つくろっては東京に送り続けてくれた。

実際のところ、東京での私の暮らしは、通訳アルバイトや非常勤講師などの比較的高収入を得ており、飢えとは無縁だった。しかし、彼女が心をこめて送ってくれた台湾の食べ物の味は格別だった。胃袋は飢えていなかったけれども、心が台湾に飢えていたのだ。政治運動に足を踏み込んでしまった私に、台湾から食品を送る。それがどれほど、危険を伴うことか。その危険を冒しても、私の身を案じ励ましつづけてくれたその友情の貴さは、「口から先に生まれてきた」と父親からもからかわれてきた弁の立つ私ですら、言葉では表現しきれない。

ブラックリスト時代の三十一年間、彼女とは二度しか会っていない。一度は台湾の白色テロ時代から一般の暮らしがやや自由になったころの一九七九年、ニューヨークの旅先で再会した。もう一度は、彼女が、娘の大学合格の祝いに母娘で日本に旅行に来たときに会った。

会えなかった長い期間に、彼女が送り続けてくれたオーギョチ（愛玉子）、トートーヒ（台湾サワラ）、バーソ（肉鬆＝肉でんぶ）など台湾の味を通じて、彼女の思いはずっと伝わっていた。

オーギョチというのは、台湾の高原地域に自生するオーギョ（愛玉）という木の実の種子で、薄い小豆色《あずきいろ》をし、大量にペクチンを含んでいる。これを水の中で揉《も》んでエキスを出すと、水は黄金色に変わり、ゼリー状に自然に固まる。これをよく冷やして、レモンとはちみつを混ぜたシロップをかけたものは、かき氷とともに台湾の夏の屋台デザートの定番である。私たちは暑い初夏の下校途中に、よくこれを買い食いしたものだった。

このオーギョチはアケビのような形の木の実の内側に密集する小さな種子をこそげとるのが結構手間だ。届けられたオーギョチで作った甘酸っぱいゼリーを口に運ぶたび、彼女がそういう手間ひまをかけて、私たちの青春の味を届けようと準備している姿が目に浮かんだものだった。

トートーヒは全長一メートル前後もある大きな魚で、本当なら日本に届くまでに傷んでしまうし、検疫にひっかかる。しかし、これは私の一番の大好物であることを如珠は知っていて、なんとか私に食べさせたいと思ったのだろう。彼女は朝一番に水揚げしたばかりのトートーヒを買って、それを輪切りにして、塩をふり両面を軽くソテーしたものを梱包し、その日、日本に行く知人に東京の私に渡すようにことづけたりしてくれた。

こうした「台湾の味」便は、宛名に私の名を書くわけにはいかないので、郵送では届けられない。台北と東京を往来する知人に託すのだが、この「運び屋」を頼まれる人はさぞ大変だったろう。食べ物が詰まった大きく重い段ボールを東京まで持って行く手間もさることながら、その箱を届ける相手がブラックリストに載っているような人間だと分かれば、どんな目にあうか。

「運び屋」の任務は主に日本人、私が講師を勤めていた聖心女子学院英語専攻科や早稲田大学の学生たちが台湾旅行に行くついでに担ってもらうことが多かった。そういう私の教え子たちを如珠は「美齢の教え子が来た」といって、歓待しごちそうし、面倒を見てくれた。

当局に見つかって一番に危険なのは手紙だ。手紙をもっていれば、私との関係は言いのがれができない。如珠が手紙を人にことづけることはめったになかったが、それでもどうしても手紙を届けたいときは、一番信頼できる私の教え子にことづけた。そういうとき、教え子たちは心得たように細心の注意を払って、本の間に挟んで分からないように日本に持ち込んだのだという。

台湾が民主化して私のブラックリスト指定が解除されたとき、中華民国のパスポートを再取得した。そして如珠と台湾で再会した。友情も二人の共通の記憶も薄れるどころか、三十一年の間に一層色鮮やかに豊かにはぐくまれていったことが確認できた。お互いの髪の色が変わったことを笑いあい、お互いいつまでも食いしん坊ねぇ、と冷やかしあったのだ。

彼女が三十一年間、せっせと食べ物を送り続けてくれた恩義に報いるため、私はその後、三度のヨーロッパ旅行に招待した。ファーストクラスの航空券と最高級ホテルを私が用意し、スペイン、イタリア、フランスそれぞれの国をゆっくり、時間をかけて見て回った。最高においしいものを食べ歩いたことは言うまでもない。そして、そのときも彼女が昔と変わらぬ口調で「美齢、もっと食べなさい」という台詞を繰り返したのもいわずもがな、である。

正直言うと、おっとりと物静かで主婦の道を歩んだ彼女と、独立運動に身を投じ、その後は日本で言論活動を続けてきた、好奇心旺盛の私の間に、話しが弾むような共通の話題はもうない。住む世界が違いすぎるというのだろうか。私たちが一緒にいてやることは、おいしいものを一緒に食べて、おいしいね、と言い、昔話をしあうくらいである。その代りというわけではないが、彼女の独り娘が、私の精神年齢と行動力と好奇心につりあう親友になりつつある。如珠の娘は、米国に音楽留学をして台湾国家交響楽団音楽団の首席バスーン奏者となったが、保守的な嫁ぎ先の要望に応じて現役をすでに引退している。音楽好きの私と気があい、一緒にヨーロッパを旅行してオペラやコンサートを梯子するにはぴったりの相棒だった。もちろん食いしん坊は母親ゆずりである。

私のことを「日本のおばさん」(日本阿姨《リップンアーイ》)と呼び、母親に秘密のことも私には話す。如珠は自分より娘と仲良くなってしまった私に文句をいうでもなく、相変わらず穏やかにニコニコしている。

貴い友情は何十年もの風雨にさらされても朽ちるどころか、一層強固な絆となり、親から子へと相続される財産にもなりうる。彼女も私を通じて私の娘や息子、教え子たちとも友情を築いており、彼女の人生に彩りを添えている。

歳を経るごとに輝く一生ものの友情、子供や孫世代へとつなげてゆける、貴く変わることのない友情に恵まれたということが、私が自分なりに最善を尽くしてきたことの賜物だと思う。

育児を理由に、自分の人生に妥協しないと心に決めた

私が大家族の居候として思春期をすごし、人間関係にもまれて育ったことは前述したが、自分自身の家族を早く作りたい、と願ったことはなかった。むしろ、子供は嫌い、と公言してはばからなかった。周英明からのプロポーズに「ハイ」と答え、一九六四年に結婚したときは、まだ早稲田大学院生。人生で初めて、勉強がおもしろい、

と感じて夢中になっていた時代だった。

しかし、勝手に子供をつくらないと決めることはできない。言わずとも周が子供好きであることは見てとれた。いずれ、子供は産むだろう。しかし結婚生活を営みながらアルバイトで生活費を稼ぎ、学業に打ち込まねばならないという不安定な身分であり、少なくとも子供を産み育てる環境に今はない、そう思っていた。周との結婚は、甘い新婚さん、暖かい家庭といった暮らしを夢みたからではなく、同じ価値観、同じ志を持つものとして互いに切磋琢磨しあっていくための契りを結んだ、というくらいの考えだった。

ところが、子供ができないように気をつけていたにもかかわらず結婚直後に妊娠してしまった。夫の喜びようをみると、クリスチャンではないが、もう天のおぼしめし、と受け入れるしかない。結婚翌年には長女を産んだ。子供などひとりで十分すぎるというのにその翌年に長男が生まれた。二児の母親業をしながら院生として勉学に集中せねばならない。そのストレスたるや、文字どおり気がおかしくなりそう、だった。

私は育児を優先するより、修士論文の執筆に集中するために、赤子を港区の愛育病院に預けた。この養育費をかせぐためにアルバイトも増やした。アルバイトは中国語、台湾語、日本語、英語の通訳だった。通訳の日当は当時でOLの月給の四分の一前後だったので、非常に割のいいバイトではあったが、幼児を病院にあずける費用は半端ではない。この時期の私は、阿修羅のごとく、と形容していいほどの形相だったらしい。

夫の周と顔を合わすと、「なんで私ばかりが育児をしなければならないの？　なんであなたばかりが学業に専念できるの？」とヒステリーを起こした。周も東大の大学院で朝から晩まで研究に没頭し疲れていたはずだろうが、そこはやはり懐の広い人だったのだろう、私に母親としての非常識さを非難して火に油を注ぐような真似はしなかった。

それどころか、しばらくして、私に聖心女子学院英語専攻科の講師の職を見つけてくれたのである。生まれて初めて教壇に立つ就職先を夫が見つけてきてくれたことは、私を二つの意味で安心させた。ひとつは家事と育児から少し解放されること。そして周が、私が社会に出て働くこと応援してくれているのだと、有言実行で示してくれたこと、である。

新聞の社会面で、未熟な母親の幼児虐待や育児放棄のニュースを読むたびに、自分も一つ間違えていれば幼児虐待ぐらいしかねなかったかもしれないと、改めて思う。そうならなかったのは夫の理解と応援を得て、それに誠実に応えたいと考えたからだ。未熟な人間は、自分の未熟さに気づき、修正していくことで、人間としても女性としても母親としても成長できるのだ。その成長を促す人間関係をもっているかどうかが、運命の分かれ道なのだろう。

しかし、その後、私がすぐよい母親になれたかというと、そうは言えない。そもそも、よい母親かそうでないか、という点を唯一の判断基準にしてよいか、という問題がある。

これは信念に近いのだが、母親は母親である前に女性であるし、女性である前に自立した人間である。母親の部分を最優先する人生選択を否定はしないが、女性の生き方は多様になってきており、子供のために、仕事や学業をあきらめる選択をせまられるのは不幸である。一部の母親の中には「自分の人生より、まず子供の幸せを考えます」「この子の幸せが、私の幸せです」という人もいるが、それは母親にとっても、子供にとっても不幸ではないか。子供が人生の中心になってしまうということは、自分の人生のすべてを子供に託すということである。これは、子供にとっては重荷だろう。過干渉という形で子供を押しつぶすこともあれば、過保護という形で子供を甘やかしてスポイルすることもあろう。

母親にとっては自分の独立した人生が消えることであり、子供を言い訳にして、自分の人生を貫くことを怠けてしまうことにならないだろうか。子供は所詮、別個の人格である。母親の思い通りなど育たないものだ。期待通りに育たなかったとき、子供にすべてを託した母親は人生を失敗したことになるのだろうか？

もちろん、子供はひとりでに育つものではない。独り立ちするまで、親としての責任というものがある。その責任を全うしつつ、自立した人間として、子供の成長を楽しみにするだけの人生ではなく、自分が成長する人生を送る努力をすべきではないだろうか。私は子供を理由に、自分の人生に妥協しないと心に決めていた。

その上で、子育てにおいて、いくつかの絶対的基準を自分の中でつくった。いわばわが家のルールである。

わが家の子育てルール

①大人のほうが子供より偉い。子供の要望は聞くが最終的判断は、責任を負う親がする。

人間は平等だが、立場の違いというのがある。子供にそれを教えないといけない。大人は大人であるというだけで子供より偉い。それは保護する立場と保護される立場の違いである。教師と生徒が、教える立場と教えられる立場という違いがあるように、そこに厳然と上下の立場の関係がある。人間は平等だ、と叫ぶ人に限って、そこを間違う人がいる。

また、教育専門家の中に「子供の目線まで降りて」などと言う人もいるが、私は大人が子供のところまで降りていってどうするのか、と言いたい。子供は大人を見上げて成長していくものだ。大人が子供のレベルにまで降りて行くと言うことは、子供に成長しなくていいといっているようなものではないか。大人は子供に自立した人間の「生き方」を見せ、子供は大人の目線の高さまで成長し、それを超えてゆこうとしていくものであるべきだと考える。

②働かざる者食うべからず。

これは社会のルールの基本だ。親の子に対する責任とは、子供を自分の足で立って歩ける自立した大人に育て上げることだ。最近の教育指南書をみると、子供を傷つけないように、挫折しないように、困難を取り除き、平坦な道を用意してやるのが親のつとめ、と言わんばかりの内容が目につく。社会に平坦な道などない。独り立ちすれば、傷つくし挫折しそうな目にあうのが当たり前だ。そこを二本の足で歩いて行けるだけのものを教え込まなければいけない。その基本が働くことなのだ。

娘と息子が小学校に上がるとき、子供たちに朝ごはんは自分で用意して食べてゆくように教えた。トースターでパンを焼いて、冷蔵庫の中の牛乳を飲んで、自分で学校にいきなさいね、と。そして私は朝寝坊する。なぜなら、私は子どもたちのために、時には夜遅くまで働いているのだから、朝寝坊して当り前。子供たちは自分で自分のできる仕事をする。

③母語・日本語を大切にする。

これは私の経験もあるのだが、子供の頃に基礎となる母語の能力を鍛えることは、思考を鍛えることだと考えている。私は幼児のときは大家族の間で台湾語の生活、小学校に上がると当時の統治国の言葉・日本語の教育を受けたが、中学校に上がるときは中華民国政権が台湾にやってきたため中国語が公用語となった。「口から先に生まれてきた」とからかわれたほど言語には敏感で、それなりに使いこなせるようになったが、私の同世代の友人たちをみると、どの言葉も中途半端な人が多い。言語レベルは思考のレベルと比例する。言語が不自由であれば思考も不自由になる。同時にいくつもの言語を自由に完璧に操れる人間など、そうそういるわけではない。

いずれか一つの言語を母語として完璧に習得させ、大切にすることは、子供たちを独り立ちできる大人に育てる上で欠くことができない基本なのだ。同時に母語とはアイデンティティを確立させる上でも重要だ。子供たちは日本で生まれて日本で生きてゆくことになるだろう。ならば日本語を母語とし、日本で生きていく上で大切なこと、日本の文化や感性を教えていこう、と考えた。

周は日本生まれの日本育ちで、終戦後に台湾に引き上げるまで、北九州の八幡で小学生時代を過ごした。国費で東大留学に来てずっと日本語で勉強し、彼の日本語の文章は誰もが名文とたたえるほどレベルが高い。私も小学六年生まで日本語教育を受け、平均的台湾人よりは日本語を使いこなせていた。今では日本語が一〇〇ならば、台湾語・中国語は八〇、英語は六〇くらいのレベル。インプットもアウトプットも日本語の環境に五十年以上もいれば必然的な流れだ。

最近の教育熱心な親はわが子に幼稚園や小学校から英語を教え、バイリンガルに育てようとするらしい。それが国際人、コスモポリタンを育てる早道だとでも思っているようだが、思考能力の低く、アイデンティティを持たない日本人を育てる可能性もあるのではないかと心配する。思考の浅い、アイデンティティやナショナリティを持たない人間は、コスモポリタンどころか、国際社会で軽んじられ、まともに相手にされないのが実情であることを、日本人は認識するべきだろう。

わが家のルールをすべて決めた私は、子供たちから「理不尽な母親だ」とずいぶん文句を言われた。しかし、責任を負うのは親だから判断するのも親、決定するのも親という姿勢は崩さなかった。その判断に従わざるを得ないと納得させる、しっかりした論理を示すのも親の責任だ。

子育てはできるだけ手抜きをした。子供たちが自分でできることは自分でさせた。甘やかさないということでもある。私は社会の厳しさを教え込む「鬼母ちゃん」だった。しかし、成長した部分を発見してほめるべきところはほめた。一方、周は甘い父親の役割に徹した。鬼の母親と仏の父親と絶妙のバランスで、子供たちはほめられたいときは母親のところへ、甘えたいときには父親のところへ行ったのだ。子供は未熟だが、直観的に情勢を嗅ぎわける。

子育ての手抜きの最たるものは、娘が小学校四年生、息子が三年生のときに二人を周に任せて、イギリスのケンブリッジ大学に客員研究員として留学したことだろう。小学三、四年生になれば身の回りのことは自分でできるようになると、希望的判断をして、私は自分の好きなことをしようと、実行に移した。言いかえれば、それまで待っていたのだ。

私が英米に留学することは、周とのかねてからの約束だった。周が東大の博士学位を修得したとき、私は彼が米国企業に就職するものと勝手に思いこんでおり、そうすれば一緒にアメリカ移住し、もう一度、米国の大学院に行き直して英米文学をみっちり勉強したいと考えていた。別に周とそういう相談をしたわけではなく、当時の台湾人はみなアメリカ志向で、周も当然そういう選択をすると考えていた。ところが、周は日本の大学で教職に就きたいと考えていた。彼は日本に生まれ育ち、国費で東大に留学し博士号までとった。日本を愛し、母語としてハイレベルの日本語を操れる。教育という形でそういう日本の恩に報いたいと考えていたのかもしれない。

「僕はアメリカの企業に入って、資本主義に奉仕するのはちょっと考えちゃうな」

そういって、アメリカ行きを拒否した。

勉強ぎらいだった私は早稲田留学中に英米文学に目覚めたのだが、結婚と出産で研究に十分専念できなかったことに物足りなさを感じていた。夫が博士号をとり米国に移住したら、もう一度、Ｐｈ・Ｄコースに行こうと、勝手に空想の翼を広げていたのだが、それに冷水をかけられた格好になった。

もし、ここで「どうしてもNOと言うのだったら、あなたと離婚する」と脅迫したら、きっと周は泣く泣く米国行きを了承しただろう。しかし、彼には彼の日本での教職という夢があり、それを私だけの都合で断念させるのはフェアではない。しかも、私が頼りにしているのは彼が汗水たらして手に入れた博士号なのだ。

ここは私があきらめるべきだ、と自分を納得させようとしたのだが、その姿はよほどしょんぼり見えたらしい。周が折衷案を出してきた。子供たちが小学校に上がり、手がかからなくなったら、君が単身留学すればいい、と。

この約束を実行することになり、私は子供たち二人を夫に任せて、単身英国へ留学した。一九七五年のことである。娘たちが、この時のことを振り返って言うには怖い母親が留守になって、のびのび暮らせた一年だったとか。

私の子育ては結果オーライ、一応二人とも自立している。

口の達者な娘は生意気にも「ママみたいな乱暴な子育てで、誰もがきちんと育つなんて思っちゃ大間違いだよ。私たちだから大丈夫だったんだよ」と言う。中学二年のとき教師の家庭訪問を受けて、私を前にして娘が「理不尽な母親だ。教育でなく調教されている」とさんざん教師に訴えたことがある。教師はそれを聞いて「それだけ、親の前で言いたいことを言えるんならいいんじゃない？」とあきれ顔を見せたことがあった。

娘は就職した後にこうも言った。

「ママのおかげで、どこに行ってもやっていける自信があるわ。どんな口うるさい人もママと比べればよっぽど扱いやすい。どんなに嫌な上司も、ママの理不尽さに比べればマシ。理不尽な職場でも鬱にならずに済むのは、ママのおかげよ」

そう聞いて、思わず噴き出すのだが、何より嬉しかった娘からの言葉がある。

周と私が、年頃になった娘に「親として一般論として、あなたが連れてきた結婚相手を見て、反対意見をいうこともあるかもしれないが、最終的に決めるのはあなただから、親が反対しようが、結婚したい相手だったら自分が決めるのよ」と告げたとき、娘はこう言ったのだ。

「パパとママは理不尽な反対はしない人でしょう。二人が反対する相手ならば、私には見えない何か問題があるはず」

これほどの信頼を寄せてもらっていたとは、親冥利につきるではないか。この子はもう大丈夫だと、安心した。散々手抜きをしても、方向性と基本がぶれずにしっかりしていたら、結果的にいい母親になれるのだ。

もちろん、多少の誤算や失敗はある。たとえば、息子は幼稚園のころ言葉が遅くて、たとえば、ニジュウ（20）という数字が言えなかった。ジュウニしか言えず、小さいジュウニ（12）と大きいジュウニ（20）といった言い方をしていた。それで私は内心、「この子はできが悪いのではないか」と疑ったこともあった。しかし、年長組になって知能テストがあり、数字や図形の概念が幼稚園内で一番発達しているという評価が出た。つまり数字や数学の概念が発達しているのに、言葉が追いつかなかっただけなのだ。親として子供たちの素質を見逃しかけていた。

また私がケンブリッジに留学していたとき、その勉学の環境の素晴らしさに感動して、もし娘や息子が外国に留学したいと願ったら、どんなに無理をしても留学させたいと心に誓ったのだが、残念ながらわが子供たちに対して、そこまでの知的探究心を育むこともできなかった。

敬老の日に娘から一緒にごはんを食べましょう、と誘われて、ああ、親孝行な娘に育てることができた、と喜んだのもつかの間、娘家族全員分の伝票をこちらに渡して「敬老の日は、お年寄りに敬意を表して華を持たせて、勘定を払ってもらう日なんだ」とうそぶかれ、ご馳走になる期待をすっかり裏切られたこともあった。これは「大笑い」だ。

最初に言ったように、子供は親の思うとおりに育たないのが普通なのだ。期待はたいてい裏切られるが、自立して人生を前に歩んでいればそれでいい。少々できが悪くとも、一生懸命生きてさえいればいい。

「金先生はいつからが老後ですか？」とスタッフに聞かれるのだが、私は最後まで、成人した子供たちの人生に干渉することなく、楽しく付き合いたい。

こうして周と私の夫婦から始まった人間関係は、いまや孫をふくめて十一人の大家族に拡大した。これはわが人生における最大の達成である。

仕事上の関係も信頼や友情をプラスした関係に

私の仕事は講演、テレビ出演、原稿の執筆と多様でスケジュール管理がなかなか大変である。しかも、いつの間にやら、インターネットというものが発達し、携帯電話が普及し、そういうものを持たない人間は、まるで仕事をするなといわんばかりの情勢になってきた。なので、ＩＴに詳しく、スケジュール管理ができる秘書が必要になってきた。

最初は私の経営する日本語学校の卒業生や、知り合いから紹介された若い人を雇っていたのだが、金美齢事務所のように小さな職場で、将来に可能性のある若者を長く雇って塩漬けにしておくのはよろしくない。若い人を雇う時、その人の将来まで責任を感じてしまう厄介な性分である。ここで事務所仕事の基礎をたたきこんだら、もっと給料がよく、大きな仕事ができる職場にジョブホップしてほしい。若者がこんな職場で満足していてはいけない。そんな風に成長の後押しをしてしまうので、私の秘書は数年たって仕事に慣れたころに転職させてしまう。

そこで三年前に、長く雇える秘書を募集することにした。つまり、もう若くなく、ジョブホップの必要のない年齢の人だ。それなりの企業をきちんと定年まで勤め上げた人がいいと思った。そういう人は、まじめで信頼できるだろう。日本の定年は六十歳だが、日本の六十歳は若々しく、まだまだバリバリ仕事ができる。しかし、そんな人はきっと部長クラスで、長年の間、上にたって部下を使って仕事をしてきた人だろう。金美齢事務所ではコピー取りのような雑務もある。高給を出すわけでもないし、そんな仕事ができる人が見つかるだろうか。

半信半疑ながら『週刊新潮』に募集広告を掲示した。条件は、

①企業を定年まで勤め上げた人。

②パソコン、インターネットなどを使いこなせる人。あとは面接次第。

すると、十数通の応募がきた。

その応募をそろそろ締め切ろうかと思っていたそのころ、ある雑誌の編集長が、自分が校長を務める「マスコミの学校」の同窓会を開きたいので、会場として金美齢事

務所を貸してほしいと言ってきた。

新宿御苑を眼下に望むマンションの八階にある金美齢事務所は、私の仕事場であり生活の場であるが、しばしばパーティを催し、文化知識人やメディア業界人、日台関係者ら異業種の人たちが交流する場として広いリビングを開放することもあった。人との出会いによって成長し人生を豊かにしてきた身としては、大好きな信頼する人たちのために、ホステスとして新たな人との出会いの機会を演出したり、おいしいものを食べたりする楽しい場をできるだけ作りたい。忙しいスケジュールの合間を縫って、やたら「ごはん食べよう」と誘う。

桜の季節、花火の季節、紅葉の季節にとびきりのご馳走を用意して、仕事関係者や友人、教え子らを招待するパーティは金美齢事務所の年中行事であり、彼も常連参加者だった。

彼が事務所のリビングを借りたいと言ってきた日は、ちょうど「桜を見る会」の翌日だったので、残り物でよければご馳走もあるし、どうぞ使ってくださいと、喜んで引き受けた。

パーティには十数人が参加しただろうか。「マスコミの学校」の同窓生というからマスコミ志望の若者ばかりかと思ったら、意外に幅広い年齢層だった。

編集長のさらなる頼みで、彼らのために、私はちょっとした挨拶もした。

そうしてパーティが終了してみんなが帰ろうとしたとき、一人の初老の男性が近づいてきて、お礼を言った。そして、彼は「『週刊新潮』にＩＴ担当者の募集掲示を出していましたね。私は今日はじめて、金先生のお話を聞いたのですが、大変感銘を受けました。ぜひそれに応募したいのですが、まだ間に合いますか？」と尋ねた。

企業を定年退職したあと「マスコミの学校」に行くなんて、ずいぶん好奇心の旺盛な人だなあ、となにかしら感じるものがあり、では履歴書をお送りください。その後、面接しましょう、と答えてしまった。

そして数日後、面接した。日本の大手医療機器メーカーを定年まで勤めたシステム・エンジニアで、大手広告代理店に出向した経験もある。広告業界を多少のぞいたので、マスコミ業界に興味があって、余暇に「マスコミの学校」に入ったのだという。物腰が柔らかで、えらそうなところが微塵もない人だった。ＩＴには詳しいし、私がかかわるマスコミ業界にも興味があるとなれば、理想的ではないか。なにより、歳をとっても好奇心と学ぶ意欲を持ち続けるところに魅力を感じた。『週刊新潮』を通じて応募してきた人たちには悪いが、もうこの人だと心の中で決めてしまった。その人が今も、わが事務所に勤めているHさんである。

週刊誌で募集をかけて、履歴書を送ってくれたのに、面接すらしなかった他の応募者には、大変申し訳なく思ったので、その後、パーティを開いた時、履歴書を送ってくれた人全員を招待した。少なくとも私に好意をもって、関わり合いたいと思って近づいてきた人の誠意には、誠意で応えることにしている。人が出会いをもとめてきたら、なるべくドアを開いて、ちゃんと向き合いたい。応募者の中には大学の教授を退官した人や大企業を退職した人など立派な方、素敵な方はたくさんいらしたが、Hさんほどうちの事務所に相応しそうな人はおらず、私の判断は正しかったな、と感じた。その思いは今もかわらない。

わが事務所は、Hさんのほか、手紙の代筆係としてAさんに来てもらっている。Aさんは、私が聖心女学院英語専攻科で講師をしていたときの教え子の一人である。彼女との付き合いもかれこれ四十年にわたる。最初は教師と教え子の関係だった。やがて雇用主と被雇用者の関係になったが、今は大切な友人でもある。出会ったとき十八歳だった娘は、今は還暦すぎた熟女となった。私も長い黒髪のつっぱり女教師だったのが、今では白髪頭の御意見番・金さんである。

彼女は誰より熱心に私の授業を受け、卒業後も、非常にまめに手紙を書きつづけ、勉強のこと、将来のことなど相談してきた。とにかく達筆で筆まめなのがぬきんでて印象的だった。私がケンブリッジに滞在していたとき、彼女もニュージーランドに留学しており、「ニュージーランドの留学では足りないのでケンブリッジにしばらく行きたい。金先生のところにホームスティできないか」と頼み込んできたこともあった。ちょうど私が帰国の時期だったので、そのホームスティの願いは受け入れられなかったが、その後も彼女との交流は続き、彼女の結婚式にも出席した。

私が日本語学校を立ち上げるときも、彼女に日本語教師にならないかと声をかけ、今もJET日本語学校で講師を務める傍ら、その達筆を見込んで、週一で事務所に来てもらい、手紙の代筆をお願いしているのだ。ここに、比較的最近、メルマガの発行係としてフリーライターのFさんに週二回、来てもらっている。

最近、月に数回は地方に講演に出かけており、スタッフが実際に事務所に出勤し、私と顔を合わせるのは週に一度か二度。曜日は決まっていない。皆が時間のあう時だ。〝出勤日〟には、昼食は必ず、私のほうが準備する。どんなに仕事が忙しくとも食事はおいしいものを食べる、というのが金美齢事務所のルール。一人で食べてもおいしくないので、私がみんなの分まで作る。こう見えても妻も母親も経験済みであり、料理の腕には自信がある。焼きビーフンやソーメンを使った台湾料理を作り、講演の主催者から頂いた地方の名物などを並べ、そこへHさんの奥さまから、差し入れられた野菜料理などが加わると、かなり豪華な食卓となる。それをみんなで、ゆっくりと味わって食べる。

普通の企業・組織の中ならば、食事にここまで悠長な時間をかけることなどあり得ないだろうし、こういう、仕事の関係なのか友人なのか、あいまいなままの雇用関係なども難しいと思うかもしれない。しかし、私はいわば究極のフリーターであり、講演やテレビ出演や文章表現を通じてメッセージや情報を発信する仕事である。そういう仕事は人との交流の中で刺激や新たな情報を得て、自分の人生を豊かにしていかなければ、聴衆や視聴者、読者の人生を豊かにできる話はできない。雇用関係でも、単なるお金の関係、ビジネスライクな付き合いにとどまらない、信頼や友情をプラスした幸せな関係に発展させたいと思う。そういう場のひとつとなるのが、私の考えでは、食事である。

第三章

怒りをエネルギーにかえて

——台湾独立運動に捧げた半生

早稲田大学３年生の夏

私のほうが、よほど真のラディカリストだ

人を妬《ねた》んだことはない、というと、事務所のスタッフが、「嫉妬というのは人間の基本的な感情の一つですよ、嫉妬心がないなんて信じられない」という。「たとえば、タレント学者の田嶋陽子さんが、同じ番組で金先生よりちやほやされたら、むかむかしたりしませんか？」

本当に駆け引きなしで言うのだが、そんなことで羨ましい、妬ましいと感じたことはない。「まあ、みなさん、このレベルをお喜びになるの？」とあきれることはあっても、ねたましいっ！　と地団駄ふむような気持ちにはなれない。それに、田嶋さんって結構かわいいところもあるのね、と思っている。嫌いではない。むしろいい人だと思っている。

「では、悔しい！　と思うことはまったくないのですか？」と再び聞いてくるので、

「もちろん、ありますよ。南スーダンが独立国として国際社会に認知されたというのに、

台湾が独立国として認められないなんて。台湾のほうが南スーダンよりよほど民主国家として成熟しているんですよ！」と答えた。

彼女は苦笑いして「それは悔しい、というのではなく、不条理に対する怒りでしょう」と言った。なるほどとも思うが、それでも、悔しい！

よく性格が女っぽくない、と言われる。某大手紙の大記者が、後輩の女性記者に「君の原稿には女性的な媚があって、インテリ女性の読者に嫌われている」と指摘したところ、その女性記者が「金美齢さんは以前に私の原稿が好きだといってくださいました」と言い返した。するとその大記者は「金美齢！　あれは女じゃないから」と言ったそうだ。そう言われた女性記者から笑い話として直接聞いた。私はこれを一種のほめ言葉だと受け取っている。私はおしゃれが好きで、素敵ですね、と言われると嬉しく、おしゃべりで、十分、女性らしいところがあると自任しているが、妬《ねた》み、嫉《そね》み、僻《ひが》み、恨《うら》み、あるいは嫉妬、後悔といった、そういう女性的感情と言われるマイナス感情には無縁だ。そこが、性格が女っぽくない、と受け取られるのだろう。

なぜか、と考えると、おそらく、そういう愚かな感情にとらわれることは恥ずかしいことだ、という自制心が働くからだろう。自分に恥じること、愚かだと思うことをしないように心がけている。それが、私のプライドなのだ。

では、もし妬み、嫉み、僻み、恨みといったマイナス感情にとらわれそうになったならば、どうするか。「怒り」に転換するのだ。私はずっとそうしてきた。

早稲田大学では学士論文のテーマは「怒りの葡萄」のスタインベック論、修士論文はニューレフト（新左翼）文学、「怒りを込めてふり返れ」のＪ・オズボーンや「ルーツ」のアーノルド・ウェスカーを中心に「現代イギリス演劇における新しい理念」がテーマだった。そういうと、今は保守系言論人のレッテルを貼られているのに、新左翼文学をやっていたのか、と言われるが、私の本質は「アングリーヤングメン（怒れる若者）」なのだ。

ウェスカーというと、こんな思い出がある。

一九六八年、ウェスカーが来日したとき、東京の紀伊國屋ホールでシンポジウムが行われ、私も聴衆席にいた。演劇評論家の小田島雄志さんら日本の英米文学者らが勢ぞろいしていた。当時東大教授の高橋康也さんが通訳をしていたのだが、長時間のハイレベルな議論の通訳は大変らしく、途中で通訳が乱れてきた。休憩時間に小田島さんが聴衆席にいる私を見つけて、「通訳を代わってくれないか」と言われたが、突然のことで、自信もないし、義理もないし、断った。

このシンポの討論で最も興味深かったのが、休憩後の後半の討論で、ウェスカーが「ベートーベンは全人格的な音楽で永遠に繋がるが、ビートルズは一時的な音楽にすぎない」と発言したときだった。パネリストの一人が「ナンセンス！　ベートーベンなんかより、ビートルズのほうが大事だ！」と立ち上がって叫んだのだった。その一人とは、演出家の佐藤信さんだった。この時の場面を小田島さんが日経新聞の「私の履歴書」(二〇一一年七月二十三日付) で書いているのを読んで、この場に私もいたなあ、と急に懐かしく記憶がよみがえった。

この時、「新左翼に興味があると自称する人は、古典を否定することがかっこいいと思っているのね」と心の中で異議を唱えていた。

ビートルズを否定しないが、ベートーベンとは厚みが違うと思っている。古典や伝統を古い価値観として否定しなければ、ビートルズが認められたことにならないと考える浅薄《せんぱく》な考えの人たちが、日本の自称ニューレフティに多いのだ、と感じたのだ。そして私の抱えている「怒り」は、古い価値観をただ否定して、新しい価値観を作ったような気になって喜ぶ、そんな浅いものではない。新左翼を自称する人たちの限界と滑稽さをこのとき実感した。イギリスの「怒れる若者たち」のブームもすぐに終わり、今は、ほとんど顧みられない。

早稲田大学に留学した翌年の一九六〇年、日本ではいわゆる六〇年安保闘争がおこった。早稲田大学文学部も授業は一切なくなり、学級討論が毎日のように催された。蔣介石政権の圧政下で言論の自由を封じられていた台湾人留学生たちが、この日本の自由で過激な学生の討論会に刺激を受けて政治運動を始めた者がいたのは間違いない。私も、当初は日本の学生の自由さと過激さに多いに感銘を受け、台湾独立運動に少しずつ関わりはじめたのだった。

しかし、よく観察してみると、この学級討論など日本の安保闘争の議論は一方的であった。発言者は安保反対者ばかり。安保を肯定する人が意見を言おうとすると、声の大きい安保反対者がワーッと攻めて発言させない。本音では異論を持っていても、あえて黙りこんでしまうサイレントマジョリティばかりという実態も徐々にわかってきた。そして、もの考えぬ人たちがメディアに扇動されている部分もあると気付いてきた。その上で、この「ウェスカー事件」に遭遇し、左翼主義者や進歩的文化人の薄っぺらさを確信したのだ。

言ってはなんだが、私のほうがもっとラディカルで、真の「怒り」を持っている。彼らと比べれば、よっぽど真のラディカリスト（過激派）である。なぜなら、私の「怒り」の源は一九四七年の二・二八事件以来の台湾人の「怒り」であり、その足元には数えきれない屍《しかばね》がある。

この時に感じたことは、台湾独立運動は、日本の安保闘争の轍《てつ》を踏んではいけない、ということだった。浅薄な、時代の流れにのって格好つけるだけの運動ではなく、真の怒りをエネルギーに変え、台湾を変えてゆく力とせねば、と決意し、今の私が在る。

台湾人二万八千人が虐殺された二・二八事件

私の「不条理に対する怒り」の根源は、繰り返すが二・二八事件だった。このとき私は十三歳、中学一年の終わりごろである。

この事件については繰り返し語られているので、いまさら説明の必要がないかもしれないが、若い読者のために今一度、振り返ろう。

戦後台湾では、香港あたりから密輸してきた外国煙草を、台湾人が街角で売る光景が当たり前にあった。国民党政府はこの密輸煙草を取り締まっていた。煙草は専売局で売られている台湾煙草しか認められておらず、密輸品が市場に出回ると専売局の売り上げが減る。しかも、警官が煙草売りの台湾人から賄賂《わいろ》をとって黙認するという汚職の原因でもあった。一九四七年二月二十七日の夕方、取締官六人が武装して、台北の下町、大稲埕《だいとうてい》にパトロールにやってきた。いつもは見張り番がいて、取り締まりが来るという情報が入ると、煙草売りたちは路地裏に隠れてやり過ごす。だがこの日は、煙草売りで生計を立てている未亡人が逃げ遅れて捕まった。

未亡人は「子供がいるんです」「生活に困っているので見逃してください」と土下座して懇願したが、取締官は密売煙草を取り上げ、連行しようとした。未亡人が渾身の力で抵抗すると、取締官は小銃の台座で彼女の頭を殴りつけた。

この様子を遠巻きに見ていた群衆は、だんだん怒りを我慢できなくなってきた。「許してやれよ!」というヤジが飛び、やがて「あいつら、やっちまえ!」と誰かが叫びだし、群衆は取締官たちに殴りかかった。身の危険を感じた取締官は、群衆に向かって発砲し負傷者がでる騒ぎになった。

翌日の二十八日、民衆の怒りは収まるどころか膨れ上がり、「発砲したヤツを処罰せよ!」と専売局前の広場に押し寄せた。専売局側はこれを説得しようともせず、警備兵は建物二階から広場の群衆に向かって機銃掃射し数人の死者が出た。これをきっかけに、民衆の怒りは野火のように台湾全土にひろがった。台北から台湾鉄道沿いに一気に南下し、新竹、台中、彰化、嘉義、台南、高雄…と抗議活動が発生した。国民党の圧政にそれまで耐えに耐えていた台湾人のうっぷんが爆発したのだった。

三月二日から五日まで、台湾統治の責任者・陳儀長官と民間の有識者からなる「二・二八事件処理委員会」による話し合いが行われ、陳儀長官は台湾人の要求にひとまず耳を傾けるかのような姿勢を見せた。

しかし、その裏で、事件発生と同時に南京に鎮圧部隊の派遣を要請していた。話し合いは鎮圧部隊到着までの一週間、時間稼ぎするためにすぎなかったのだ。三月八日、南京からの鎮圧部隊が基隆港と高雄港に到着し、台湾全土で武力鎮圧が展開された。特に基隆では凄惨な無差別殺戮が繰り広げられたと言われる。目撃者のほとんどが殺されたのだから、「と言われる」と、伝聞でしか言えない。

公式発表では、二・二八事件によって二万八千人の台湾人が虐殺された。当時の台湾国民の二百人に一人が犠牲になった計算である。これは民族浄化の虐殺である。

国民党政権はこれを機会に、台湾に根付いていた日本式の教育を受けたインテリ層を抹殺したいと考えていた。日本の植民地統治時代、日本式のハイレベルの教育と教養を身に付けたエリートたちは台湾のリーダーになりうる資質を備えている。それは大陸から来た国民党支配のじゃまになる。そういった半世紀にわたる日本統治の〝遺産〟である人材に対する粛清《しゅくせい》を遂げたのである。

後に夫となる周英明は、この時、高雄中学の学生だった。南部の高雄も激しい粛清を受けた地域のひとつだ。

後に周からこんな話を聞いた。

周は通学途中に三人の青年が銃殺され、遺体が路上に転がされているのを見かけた。おびただしい血が道路を真っ赤に染めていたという。遺体は両手首、両足首を縛られたままで、そのままの姿で銃殺され、トラックで運ばれて来て、高雄駅前の路上に見せしめに放置されたのだ。

両手が後ろにしばられ、その間に「顔再策」という名前が記された木札がさされていた遺体があった。周少年は、その凄惨な光景と「顔再策」という名前を深く胸に刻み込んだ。

後に周が大学受験勉強を本格的に開始した頃の話である。学校帰りに古書店で受験参考書をあさっていたとき、赤い表紙の「チャート式」参考書のシリーズが目に飛び込んできた。戦前から発行されている日本の受験参考書で、台湾でも人気のあるものだ。

周はその中の一冊の幾何学参考書を何気なく手に取った。パラパラとページをめくり、最後のページを開いたとき、裏表紙のある一点に目が釘付けになった。

「高雄中学　顔再策」。そこには、かつての持ち主の名前が記されていたのだ。あの高雄駅前に見せしめに転がされていた遺体の青年の名前だった。あの青年は実は自分と同じ中学の先輩だった。彼はこの参考書で勉強していたのだ。そしてもっと勉強を続けたかったに違いない。周はこの参考書を買わずにはいられなかった。その後、周はいつもこの参考書を傍らに勉強したという。顔さんの意志を継ぐかのようにひたすら勉強したという。台湾大学に入学してからも、兵役についている間も、台湾大学で助手になってからも、この参考書は肌身離さなかった。

私には周のような生々しい体験はない。ある日、突然、私たちの中学校が国民党軍に進駐された。学校は長い休みにはいった。中学生といえば、もうそれなりに世の中のことが分かっていた年頃である。誰もが恐れおののき、家の中に閉じこもり、通りは人っ子一人歩かず、ひっそりした。私たちはこのとき、台北を離れ新北投に疎開した。それでも外に中国人兵がいるのではないかとびくびくしていた。この時期、若い男が外を歩けば、必ず逮捕されると言われていた。男子中学・建国中学では校長先生が連行されていた。

私のような女の子が、何かされる可能性は低いのだけれども、それでも学校が再開されるまでの間、息をひそめて、暮らしていた。

ただ例外的に外へ出ることがある。それは牛乳を買いにいくときだった。当時の台湾家庭にはめずらしく、私の朝食はパンとミルクだった。他の家族は台湾の伝統的な朝食のお粥を食べていたが、私はそのころから食い意地というか食へのこだわりが強く、パンとミルクでないと嫌だった。

それで北投の知り合いの経営する牧場に毎朝、ミルクを買いにいった。中国人兵が怖いので、表通りを避けて迂回して通った。それは恐怖の中で、妙に牧歌的な思い出で、いまさらながら、どんなに恐ろしくても、おいしい食事のためには妥協しない私の食いしん坊ぶりを思い知らされるのだ。

二・二八事件はその後続く、白色テロ時代の幕開けだったが、普通の少女に危害が及ぶことはなく、また商家の私の一族がさほどおびえる必要はなかった。政治のことに触れなければ、一見、西側の国々と同じ自由主義社会である。見えないところで何がおこっているかは分かっていたが、そのことを口に出すことは恐ろしくてできなかった。そういう恐怖心は、人をいつしか無意識に表面的には豊かな普通の日常を享受することに没頭させる。台湾を出るまで、国民党政権について自分の考えを表に出すことはできなかった。蔣介石政権への怒りはあったが、そのときは恐怖のほうがまさっていたのだ。そんな恐怖を真の怒りに代えて戦う勇気を与えたきっかけが、日本の学生たちの安保闘争であり、そしてそれに影響を受けた台湾留学生たちによる独立運動との出会いである。

早稲田大学第一文学部に留学する

日本に留学するまでのいきさつには多少の説明の必要がある。

小さい頃は勉強が嫌いだった私は、高校卒業後、初恋の人に嫁ぎ専業主婦になった。所詮若気の至りの幼い結婚だ。間もなく家庭に閉じ込められることに耐えられなくなっていった。結局、二年たたない間に離婚。当時の台湾としては、かなりスキャンダラスな話だった。しかし、姑の一言が私の背中を押した。「離婚するなら早いほうがいい」。間違いだと気付いた時点で、その間違いは一刻も早く修正したほうが、お互いの幸せなのである。

離婚後、台北国際学舎内にある陶磁器店の売り子として就職した。日本の六本木にある国際文化会館と同じ組織で、アメリカが〝本家〟である。故宮博物館にある国宝級陶磁器のコピーをお土産用に売っている。この仕事は、比較的ひまで、私は空いた時間にタイプの練習をしていた。そこは国内外の知識人や学者が出入りし、インターナショナルで知的なムードが漂っている空間だった。そういう知的な空気に刺激されて、私の生来の好奇心がむくむく湧いてきた。

そんな姿を館長が見かけて、秘書試験を受けないか、と声をかけてくれた。英語の試験だが、結果は不合格。私は耳がよく、英語の発音はよかったが、勉強嫌いだったので、文法も語彙も不十分だった。しかし、館長は「やる気があるなら鍛えてあげる」と言ってくれ、私は即座に「やる気あります！」と答え、館長秘書に採用された。

あるときアメリカから東洋学の大学教授が短期の研究に来たことがあった。館長秘書として毎日顔を合わせるうちに、「君は英語もでき、日本語も中国語もできる。ぜひアシスタントとしてアメリカに呼びたい」と言ってくれた。

　大学を出ていなければ、アシスタントの資格が得られないことは自明の理だった。教授は私が高卒だとは思いもよらなかったようだ。この時、初めてもっと勉強していればよかった、大学に行っていればよかったと思った。悔しい経験があるか、と聞かれたときは、とっさに思い出さなかったが、これは悔しかった。大卒の同じ歳くらいの人間より仕事ができると思っていたし、実際、国際学舎の就職も台湾大学卒のエリートと競って勝ちとったのだ。しかし、大学に行っていないというだけで、みすみす米国の大学のアシスタントシップを逃す結果となった。私の世界は狭く、無知で足りないものだらけだと、気がついたのだ。なにがなんでも大学に行かなければ。そういう思いがつのってきた。

　台湾の大学という選択は思い浮かばなかった。二・二八事件後、表向きは自由主義社会のような顔をしていても、一党独裁体制である。蔣介石政権のころ、一言でも政権批判めいたことを言えば、投獄されて死刑になることもあった。中華民国憲法では、総統の任期は二期までと規定されているが、蔣介石は特別臨時条項をつくり、非常時期を理由に蔣介石はこの例にあらず、とその支配体制継続を認めてしまった。

しかし台湾大学のように知的エリートが集まる中には、それがおかしいと思う人も当然いる。学内にそういった特別臨時条項を伝えるお触れ書きが貼られると、夜にそれをはがす学生がいた。その学生は身元を突き止められ逮捕されて、二度と帰ってこなかった、という。その程度の抵抗ですら、弾圧されたのだ。そんな状況下での台湾の大学より、行くなら自由の国・米国の大学だ。

しかし留学は台湾で短大以上の学歴が必要だった。なんとか留学以外の方法でビザを取らなければ。日本なら、なんとかなる。日本語は小学校まで「国語」だったのだから、勉強するのに不自由がない。では日本へ留学しようと決めたのだった。

日本への留学には、国際学舎に来ていた三人の日本人留学生たちが、早稲田大学を紹介してくれたり事務手続きを手伝ってくれたりした。その日本人留学生の一人、安田延之さんの父親が会社を経営しており、私の身元を保証して日本へ招聘する書類を作ってくれた。

安田さんのことは忘れられない。彼が私の渡日のための手続きを父親に頼んでくれたあと、一九五八年八月二十三日、いわゆる「金門島砲撃戦」が始まった。国民党軍が大陸反攻の軍事拠点と考えていた金門島に、中国共産党人民解放軍が対岸から砲撃をしかけ、国民党軍も応戦した事件だ。

二カ月続いたその戦いで、ジャーナリスト志望だった安田さんは、読売新聞の委嘱で臨時特派員として金門島に向かったのだが、このとき乗った上陸用舟艇が転覆し、海に投げ出されて帰らぬ人となった。まだ二十三歳の若さだった。

私はしばらく、大切な友人を亡くして呆然としていた。当然、日本留学の話も立ち消えになったと思っていた。しかし、安田さんの死からしばらくして、彼の母君が東京から台北に来た。そして「息子との約束を私たちに果たさせてください」とおっしゃってくれたのだ。彼の善意、そして彼の両親の優しさによって、一九五九年春、早稲田大学第一文学部に留学することができたのである。

このとき、いずれ自由の国アメリカにいって、安田さんと同じくジャーナリストを目指したいと考えるようになっていた。そのために英語をきちんと勉強しよう、と思い英文科を目指した。早稲田大学では、商学部ならば、ほとんど留学希望者全員を合格とするのだが、文学部は学部長の方針できちんと試験を行う。七人の留学生希望者が試験を受けて合格したのは私一人だった。

もっとも入学してみると、英文科は英語を学ぶ場ではなかった。日本語に翻訳した英米文学を読んでも一向に構わない。そこで私は、文学にはまってしまった。もともと本は好きだったが、独裁政権下の台湾では海外の書籍はあまり入ってこない。日本は世界の名著の翻訳書が豊富で、英米文学に限らずありとあらゆる本を読めた。

そういう文学三昧の学生生活を送って二年目、私は一冊の雑誌に巡り合った。すでに書いたように『台湾青年』である。

私の魂を揺さぶった『台湾青年』

ある日郵便受けに、『台湾青年』創刊号が投函されていた。おそらく、当時の東京の留学生ほぼ全員に送られたのだと思う。ちょうどその日、美容院に行く予定で、その雑誌をもっていき、髪をセットしてもらう時間にゆっくりその雑誌を読んだ。

読み終わったとき、ものすごく興奮していた。魂を揺さぶられたと言っていい。この雑誌を創った人たちはなんと勇気があるのだろう！　と、心から尊敬を捧げたいと思った。心ある台湾人たちは、本心では蔣介石政権に反対で、台湾の独立を願っている。

しかし、台湾にいたときは言論を封じられていた。自分たちの平穏な生活を守るため、政治に距離を置き、当時の成績優秀な青年たちはみな医者になったものだ。それが政治に関係しない一番無難なプロフェッショナルな職業だったのだ。ジャーナリストなどは台湾では地位の低い職業というだけでなく危険な職業だった。そういう発言をせず無難な道を選ぶことを無意識に受け入れていた台湾から一転、何を発言しても逮捕されることもなく死刑を恐れなくてすむ日本に来たとき、私たち台湾知識青年はいったいどのように行動すべきなのか。『台湾青年』は明確にその方向を示していたのだ。

その同じ日、米国人の友人、マーク・マンコールさんから食事に誘われていた。彼は以前、私が台北の国際学舎で館長秘書をやっていたころに、台湾に留学しており、知り合いになった。私は彼のリポートをタイプしてあげたことがある。彼はその後、学者の卵として日本に研究に来ていた。

飯田橋で待ち合わせて、二人でタクシーに乗った時、彼はすぐに「『台湾青年』って雑誌知っている?」と尋ねてきた。私は「きょう、読んだばっかりよ」と『台湾青年』をバッグから取り出した。「どう思う?」と聞かれたので、「ものすごいわ! これだけの雑誌を創った勇気と能力がある台湾人が存在することに感動したわ!」とやや興奮してまくしたてた。すると彼が「雑誌を創った人たちに会いたいかい?」と聞く。私は即座に「会いたい!」と答えていた。その時の応対で、彼は直感的に感じたようだ。「本物だ」と。

そして、マンコールさんが、私と黄昭堂《こうしょうどう》さんを引き合わせてくれたのだった。台湾独立建国聯盟主席を長年務めたのちに、陳水扁《ちんすいへん》元政権の総統府国策顧問となった、台湾独立運動の中心人物である。

黄昭堂さんは台湾の独立運動に人生のすべてを捧げた人である。一切の私心なく、地位や富への執着なく、ただ、ただ献身的に台湾の独立のために尽くしてきた人間を私は他に知らない。彼の献身は金銭で報われるものでもなく、栄誉あるポストを戴いて満足するものでもない。台湾独立運動の中でも、声だけ大きく、非現実的な主張を振り回し、ドロップアウトしていく人たちもいたが、黄さんは本物だった。怖いもの知らずと言われつづけてきた私も、黄昭堂さんだけは今なお、怖い。それは、この人だけには絶対逆らえない、この人に何か頼まれたら、もう逃れられないという怖さである。信念のためにすべてを捧げる人間の気迫というのは、人を畏怖させ、敬《うやま》わせ、従わせる。そういう人物である。

黄昭堂さんは、最初、私と会うのを躊躇したという。彼は、マンコールさんに「金美齢に会わないか？」と尋ねられ、「そいつはきっと中華民国の特務だろう。自分から僕たちに会いたいといってくるヤツはたいてい特務だ」と顔をしかめたらしい。

黄さんが警戒したのも、もっともではあった。私はアルバイトで当時の中華民国大使館の依頼で通訳を務めることもあり、政権よりのスパイの可能性があるとみられても仕方なかった。私は蔣介石政権に強い不満をもっていたものの、これとそれは別と割り切って通訳仕事は請け負っていた。普通のバイトに比べると格別に割のいい仕事なのだ。

マンコールさんは「絶対信用できる人物だ。僕が保証する」といって、私との『台湾青年』の発行人である王育徳さんと黄昭堂さんとの会合をセッティングしたのだ。このとき、彼らと直接会うことが、それほど危険なことであったという意識はなかった。この会合で王育徳さんから「今度、通訳を頼みたい」と言われ、大して深くも考えず能天気に「はい」と引き受けてしまった。

『台湾青年』と関わることは、十分ブラックリストに載る理由となる。当時の私に、その覚悟があったかというと、なかった。ただ、私は自分の心に正直な人間だったのだ。あの時代に、台湾人に生まれて、それなりの知性と知識を持ち、それなりの良心をもつ人間が、この道を歩むのは必然なのだ。もちろん、この道から逃げた人もいる。しかし、逃げなければ、必ず独立運動に足を踏み入れてしまうのだ。

私は一歩一歩、進んでいるうちに深みにはまってしまった。でも、後悔はしていない。黄昭堂さんの同期の、ある留学生は私にこういったことがある。

「台湾は独立するのが一番いいと思う。しかし、これは勝ち目のない戦いだ。勝ち目のない戦いは僕はやらない」

私はこのとき、生意気にも「勝ち目のない戦いでもやらなきゃいけない戦いもあるわ。それは台湾の知識人に生まれた責任だと思う」と言い返した。

もし、あの時代、台湾で自由な選挙が行われれば、台湾人の八割は独立を選ぶだろうという確信が、私にはあった。誰にも証明できないけれど、そう信じていた。だが、そんなことを圧政下の台湾で口にした途端、命の危険にさらされる。日本にいて言論の自由と安全が保証されていながら、台湾の人々の代弁をしないのは、卑怯だと思ったのだ。

しかし、それでも、『台湾青年』社の正式メンバーになる決心はなかなかつかなかった。私がメンバーになったのは創刊号を受け取って二年たった後である。

この時、黄昭堂さんに「私に『台湾青年』の秘密を言わないでね。私は拷問されたらすぐにぺらぺら話してしまうと思うから」と言うと、黄さんは「そんなに簡単に白状したら、きっと嘘をついていると思われて、もっとひどい拷問をうけるよ」と冗談まじりに言ったものだった。

この戦いに勇気や覚悟をもって足を踏み入れたのではなかった。ただ、自分に恥じるようなことをしたくない、卑怯なことをしたくない、というプライドから、徐々に戦いの前線に押し出されていくことになったのだ。

パスポートを奪われ警察に追われて

私が国民党政権のブラックリストに載ったことを思い知らされたのは、一九六四年の結婚後のことである。夫の周英明がパスポートの期限切れがきたので、ダメ元で中華民国大使館に更新の申請をした。ところが、いつまでたっても更新の通知がこなかった。つまりパスポートを没収されたのである。周がブラックリスト入りしているなら、私も当然ブラックリストに入っているはずだ。更新手続きに行くのも時間の無駄だと思い、中華民国のパスポートなんて、要らないわ、とその場でパスポートを引き裂いて、ポイと捨ててしまった。

今、思うと、あの反体制派学生時代のパスポートは、貴重な歴史資料になったのだから、記念にもっておけばよかったのだが、あの時は怒りのほうが先行して、引き裂かずにはいられなかった。私は決断が早すぎる欠点がある。つまり早とちりのおっちょこちょいなのだ。

この一九六四年には、もうひとつ特筆すべき大事件が起きている。陳純真事件である。『台湾青年』の秘密会員（名前を表に出さない会員）だった早稲田大学の台湾人留学生、陳純真が、国民党のスパイであったことが発覚、黄昭堂さんら中心メンバー七人による査問会が開かれた。陳純真はもともとスパイではなかったが、父親が病気になったので台湾に一時帰国した。このとき彼が『台湾青年』の秘密会員であることをすでに把握していた国民党当局に軟禁され、東京に帰る条件として、国民党側のスパイになることを強要された。彼はその圧力に負けて、スパイになってしまったのだった。

同情すべき点はあるのだが、このとき、査問メンバーの一人は、裏切られたことへの怒りで我を失ってしまった。そうして、陳純真を、ナイフで刺してしまった。軽傷で、すぐ病院に運び手当をした。だが、この後、陳純真は国民党政権の指示で、黄昭堂さんら七人を傷害罪で告発し、黄さんら七人は日本の警視庁に逮捕された。

私と夫の周英明は、このとき、査問会の現場にいなかった。陳純真は私の後輩にあたり、よく面倒もみていた。私の名前で電報を打って彼を査問会に呼び出し、査問会場にまで連れて行ったのも私と周だった。しかし、黄さんは私と周が、こういう修羅場に向かないと考えたのか、先に帰れと言った。私たち夫婦は、言われたまま、査問会に立ち会わずに帰宅した。

黄さんら七人が逮捕されたあと、周英明も、証拠隠滅を手伝った疑いで指名手配を受けていた。そのことをとある社会党の国会議員から電話で知らされた。私たちは、悩んだ末、逃げることにした。

黄さんは拘置所に面会にきた勇気と熱血の東大教授、衛藤瀋吉《えとうしんきち》先生に「留守は周英明に任せる」と伝言していたのだ。私たちは何が何でも捕まるわけにはいかなかった。『台湾青年』の発行日が近づいていた。黄さんら中心メンバーが全員逮捕された今、私たち夫婦しか、この雑誌を発行できる人間はいない。

電話を受けてすぐ、深夜二時に私たちは住居のアパートを逃げ出した。忘れもしない、逃避行の夜に最初に訪れたのは赤坂プリンスホテル（旧館）だ。ラブホテルというものに行ったことがない私の頭に浮かんだホテルが、赤プリだったのだ。若い男女二人の学生が、深夜に赤プリに何の予約もなしに行って、よくぞ泊めてくれたものだと、今振り返って思う。ホテルのフロントはどう思っただろう。どこかのお嬢様の駆け落ちか何かと思ったかもしれない。

そうして、私たちは無事、その月の『台湾青年』を発行した。創刊時隔月だったのがすぐ月刊に昇格していた。主要メンバー七人が警察につかまっているのに、『台湾青年』が発行されたという事実は、当時、台湾知識人たちの間で驚きをもって受け止められ、語り草となった。実はあの、一九六四年五月号は私たち夫婦と鄭飛龍さんのわずか三人で発行したのだ。黄さんら七人は起訴されたが二十六日後に仮釈放され、執行猶予付きの有罪判決を受けた。彼らが釈放されたあと、周は自首した。「僕をお探しですか」と、警視庁に行ったのだ。周は二日ほど拘置されたが起訴猶予となり釈放された。

パスポートがないうえ、警察の御厄介になるような反体制派の台湾人留学生たちに対し、日本政府は寛容にも特別ビザを出し続けてくれた。当初は人道的立場から、その在留を認めてくれたのだろう。しかし、そんな日本政府に国民党政府は容赦なく圧力をかけてきた。そうして起きたのが一九六八年の柳文卿事件である。

柳文卿さんは、周英明の同期であり、『台湾青年』の同志である。東京教育大学修士課程を卒業した彼は一九六八年三月、日本の入管管理局により一カ月更新のビザ失効を宣告され、台湾に強制送還されたのだった。

これには背景がある。当時の日本には薬物犯罪に関わった台湾人が百数十人収容されており、中華民国政府に彼らを引き取るよう要請していた。そこで民国政府は薬物犯罪者の引き取りを了承する代わりに、日本に在留している反体制派学生らを一緒に送還するよう要請した。これまで、ブラックリストにのっている反体制派知識人の日本在留を黙認していた日本の出入国管理局は、この圧力に屈して、反体制派知識人へのビザを更新しないことにしたのだ。そして、まず柳文卿さんが強制送還されることになった。

柳さんの強制送還準備の一報を聞いて、私たちは焦った。強制送還されれば、投獄され死刑になるかもしれない。拷問を受けるかもしれない。彼の強制送還を何とか阻止しなくてはならない、と必死で、ありとあらゆるツテを頼った。

この時、私はかつて一度だけ通訳を請け負って面識がある岸信介元首相の自宅にも助けを求めていった。岸信介氏はすでに現役を退いていたが、蔣介石と反共共闘関係を築いた所以で親密な関係を維持しており、また国内でも厳然とした影響力をもっていた。

朝まで待てず、深夜二時ごろ、いきなり南平台町の岸邸に、許世楷さん（後の台北駐日経済文化代表処代表）とともに訪ね、呼び鈴を何度も押し続けたことを覚えている。もちろん、アポイントメントもとらずに夜中に押す呼び鈴に、誰かが応じることはなかった。しかし、同志の命がかかっていると思えば、春浅い寒さの中で深夜の呼び鈴をただひたすら鳴らし続ける以外方法がなかった。

翌朝一番に、強制送還差し止めの訴状を裁判所に出したが、裁判所が入管にかけた電話はおそらく故意にたらいまわしにされたのだろう。柳さんを乗せた中華民国航空機が離陸する前に、出入国管理局の担当部門には伝わらなかった。柳さんは強制送還されてしまったのだ。

その後、私たちは柳さんの強制送還に対する抗議運動を展開した。入管の前で抗議集会を行い、多くの日本の新聞、テレビがこれを取り上げてくれた。私の早稲田大学での指導教官の倉橋健教授、作家の阿川弘之さん、平林たい子さんら多くの日本の文化知識人も動いてくれた。このおかげで、柳氏は二十四時間軟禁されただけで釈放された。反体制派台湾留学生の強制送還もその後、行われなくなった。

二・二八事件の記憶、日本への留学、日本の安保闘争との遭遇、『台湾青年』との出会いが、私の中のすべてのマイナス感情を怒りへと転換させ、青春のエネルギーとなった。怒りと闘いの日々が、私という人間を少しずつ成長させていったのだと思う。

つまらないケンカをしない、ケンカはエレガントにする

私がケンカっぱやいことは以前にも触れた。中学のころは、クラスで私と言い争ったことのない生徒はいなかったほどだ。父親は私のことを「美齢は口から生まれた」とよく笑っていた。反射神経がいいというか、言葉を聞くと、ぱっと反論できるのだ。

しかし、私のケンカにはルールがある。それは自分の言い分が正しいと、自分で確信できる信念のためのケンカしかしない。つまり、つまらないケンカをしない。そして、エレガントにケンカをすることである。みっともないケンカはしない。ちなみに暴力は嫌いである。腕力では絶対に負けるから。

記憶に残っているケンカの話をしよう。

二〇一一年五月のゴールデンウィークを私は台北で過ごした。毎年、数回、台北にゆく。日本人となっても、台湾は私の故郷であり、父親の墓もある。帰れば懐かしく、ほっとする。このとき、台湾メディアからテレビ出演を依頼されることがある。たいていの場合、出演を断るのだが、この年は東日本大震災の被災地に対し、台湾の人々が信じられない巨額の義援金を送ってくれたこともあり、その感謝の思いを日本人代表として伝えなければならないという義務感から、出演依頼はすべて引き受けることにした。

その中で台湾・年代テレビの人気番組「新聞ワーワーワー！」のゲストとして、近代史家で評論家の李敖さんとともに出演した。この番組は人気司会者の于美人さん、鄭弘義さんがゲストを招いて、いろいろ質問しニュースを掘り下げる番組だ。共演者が李敖さんと聞いて、プロデューサーは李さんと私をケンカさせるのが狙いだろうなあ、と思った。李さんは親中反日派知識人の代表格で、番組で人を罵倒することで知られる毒舌家だ。親日反中派の旗を掲げている私は、彼にとっては〝天敵〟のようなものだ。

李さんは、一九四九年に十四歳のとき、上海から台中に移住してきた外省人。私より一歳年下の同世代と言っていい。若いころ反国民党活動に従事し投獄された経験もあり、政治運動家出身でアンチ国民党という共通点もある。しかし、思想的には共産主義系であり、最近はなぜか気持ち悪いほど中国を持ち上げている。私は「敵陣に切り込むような気分」で〝戦支度〟に念を入れた。

こういう「激しい討論（ケンカ）」、しかも、テレビ番組などで人に見せるケンカで勝利するには、まず、美しくなくてはならない。化粧は、スタジオでメイクさんがやってくれるので、衣装は特にエレガントなものを選んだ。マックスマーラーのグレーのノースリーブシャツとロング・スカート。グレーと白のオーガンジーのスカーフをふんわり首にまき、朱鷺色のグラデーションが入ったロロ・ピアーナのショールを羽織った。そしてヒスイのブローチとイヤリングをつける。私は公の場に出る時は必ず緑の色をつける。それは、自分が民進党支持者であるということをアピールするためだ。民進党のシンボル・カラーはグリーン。

女がケンカするときは、まず、エレガントさでガツンと相手に一発お見舞いしないといけない。それが女性論客としての正しい戦い方である。

スタジオ入りし、カメラがまわると「新聞ワーワーワー」というキメ台詞を出演者全員で唱和し収録が始まった。

于美人さんが「きょうはお二人のヘビー級ゲストです」と私たちを紹介した。カーン！　と対決のゴングが鳴ったのが聞こえた気がした。私はわざと台湾語で話しはじめた。彼が外省人で台湾語が分からないかもしれない、という情けは必要ない。司会の于さんが気を使って「台湾語わかりますか？」とたずねると、李さんは「言語学的にいえば、台湾語という言葉はない！」と持論を展開してきた。

「台湾語は閩南語《びんなんご》と同じで、福建省南部でも使われています。世界で閩南語を話すのは五千六百万人。うち台湾人は二千三百万人と少数派なのだから、台湾語と称するのはおかしい…」

私は「中国は普通語を話す人のほうが多いけれど、台湾は普通語を話す人のほうが少ないのだから、台湾語と呼ぶことは理屈に合っている」と反論。

やがて話題は、台湾独立運動の話にうつり、李さんは「私は台湾独立運動のために投獄された唯一の外省人だ」「私が投獄されたのは、東京の台湾独立建国聯盟（台湾青年社）のメンバーらに裏切られたからだ！」と言い出しはじめた。この話が蒸し返されることは覚悟していた。すかさず、「私たちは初めて会うけれど、私はあなたの名前を当時から知っていました。アムネスティ・インターナショナルのマーティン・エナルズ事務総長から聞いていました。そのとき、事務総長から台湾の投獄中の政治犯リストを受け取ったのは私よ」と言うと、彼は虚をつかれたように目を丸くした。

李さんが投獄された原因の一つは、国民党政府の投獄者リストをアムネスティ・インターナショナルに提供したことだと言われている。そのリストが最初に公になったのは『台湾青年』誌上だった。このリストをアムネスティから直接手にいれたのは私だった。きっかけは、アムネスティ・インターナショナルのマーティン・エナルズ事務総長が東京に来たとき臨時に通訳をしたことだった。

もともと、別の日系アメリカ人の女性が通訳として頼まれていた。しかし、日本語があまりうまくない。事務総長の講演自体は予定稿があるので事前に翻訳して、なんとか通訳できたが、質疑応答は何が出てくるかわからないので通訳はできない、と音をあげた。このとき司会者は中村敦夫さん。打ち合わせの場で、私が英語を話せると感じて、臨時通訳をやってくれと頼んできた。とっさのことだが、私は引き受けた。

通訳はスムーズだったのだろう。質疑応答は大いに盛り上がり、事務総長は感激して、礼を言いに来た。私が独立運動の政治亡命者だと説明すると、持っていた台湾の投獄者リストのコピーを提供してくれたのだった。このコピーを私は『台湾青年』に渡し、誌上に掲載された。

当時、国民党政権が何人の反体制派台湾人を投獄していたかは不明だった。ある日忽然と行方不明になった台湾人青年が果たして、政治犯として投獄されているのか、生きているのか死んでいるのかは、誰もわからなかった。このリストは釈放された政治犯たちの証言に基づいて作られ、台湾の政治評論家の孟絶子氏を経由して李さんに渡された。そして台湾独立運動の英雄と呼ばれた謝聡敏さんと魏廷朝さんが釈放後、エナルズ事務総長を李さんに引き合わせた席で、それを李さんがアムネスティに提供したのだった。

このリストが台湾青年誌上で公開されたことが、機密漏えいの動かぬ証拠となって国民党政府に投獄された、というのが李さんの主張だった。

そのリストを直接、エナルズ事務総長から受け取り、『台湾青年』に渡したのは私だったとは彼も知らなかったのだろう。

私に言わせれば、李さんは当時、国民党の特務（スパイ）の厳しい監視下にあり、アムネスティにリストを渡したことは、『台湾青年』誌上で公開されなくても当局にいずれ分かっていたはず。しかも、リストは公開して政治犯釈放を国際社会に働きかけるのが目的だったので、『台湾青年』誌に公開されたせいで投獄された、と恨むのは筋違いである。

李さんによれば、自分が投獄された一九七二年、台湾独立建国聯盟を結成した辜寛敏さんが蔣経国の求めに応じて、対話のために帰国したことも「裏切り」だったという。そして、結論として、李さんは「民進党はニセものだ！」と主張した。

私は「（裏切りとは）言い過ぎだ。政治運動家は時代変化にあわせて色々考えなければ、目的を達成できない」と反論した。

司会者は「そんな話、初めてきいた！　台湾独立運動の英雄がここに二人！」とうまくまとめたが、このやりとりは私の白星であることが、李さんの表情から明らかだった。

次に、李さんの批判の矛先は私の親日ぶりに向いた。

「あなたはそんなにエレガントで美しく、日本語も堪能だ。なのになぜ、日本の戦争犯罪を追及しないのですか。日本人に土下座させるべきだ」。

司会者が大笑いした。普通の台湾の人たちの感覚として、今頃、戦時中の恨みを持ちだすことはナンセンスなのだが、李さんは大真面目に続ける。

「第二次世界大戦で日本が東アジアでしたことは、ドイツがヨーロッパにしたことでしょう」「日本人は反省していないのです」「日本精神があるなら腹切りしろ」「金美齢は日本人に武士道精神を発揮させるべきです」「あなたも女性なら、慰安婦問題で日本の間違いを認めるべきでしょう」と、放言が続いた。

他の出演者全員が苦笑いしている。これは反論するより、相手にしないほうがいい。すでにスタジオの空気は李さんに批判的なのだ。私は「お話にならないわ」「ばかばかしい」と突き放すと、彼もそれ以上続けることができなかった。

私は日本政府がいかに寛容であったかを話した。

「私がブラックリスト入りした決定的なきっかけは、早稲田大学の台湾人留学生会を台湾稲門会と命名したからです。台湾という言葉は当時タブーでした。たかが学生会の名前に台湾とつけたことが問題視されたのです。そういう形でパスポートを失っても、日本は特別ビザを出してくれました。夫の周英明は日本の文部省の奨学金を受けて勉学を続けてきました。このビザと奨学金がなければ、私たちはやっていけなかった。日本政府には本当に感謝しています」

司会者の鄭さんは「(ビザが出なかったら、台湾に送還されて)李さんと同じ監獄にはいっていたかもしれませんね」と言うと、于さんはすかさず「男女は監獄がべつよ!」

と突っ込み、掛け合い漫才みたいに笑いをとっていた。だが、日本政府が私たちを台湾に強制送還せず、パスポートもないのにビザを更新し続けてくれたことは、決して忘れてはならない恩義である、というのは本音だ。私が親日であり、ついには日本国籍を取得したのは、この恩義に一生をかけて報いるつもりだからだ。

私は「反体制運動で投獄された李さんに対してはずっと敬服していました。まさか彼のアイデンティティがこれほど中国化しているとは思わなかったから」とチクリと反撃した。

李さんは「あなたは中華民国を認めないのに、どうして陳水扁総統の国策顧問になったの？　陳水扁は中華民国の総統でしょう。陳水扁があなたに渡した招聘書にはなんて書いてあったの。中華民国総統府と書いてあったでしょう」と言い返してくる。私は「総統府国策顧問と書いているけれど中華民国と書いてなかったわ」とさらに言い返す。不毛な言いあいに陥りそうになって、司会者は「金さんに話をさせてあげて」と口を挟んだ。

李さんは番組収録中なのに「この番組は私に非友好的すぎないか」と声を荒げはじ

めた。

私も遠慮なく言う。「私はこの番組に初めて出演するのよ。紳士なら、譲りなさいよ」。そしてとどめのキツイ言葉を投げつけた。「あなた、そんな風に必死で自己主張するのはコンプレックスがあるからでしょ」。これは効いたようだ。

彼は顔色を変えて怒りはじめた。「あなたは白色テロ時代、外国にいた逃亡兵じゃないか」「あなたは日本のことは悪くいわない。不公平だ。日本人はあんなに台湾人をいじめたのに」「二・二八事件のとき外省人が台湾人を殺したことは認める。しかし毒ガスも大砲も使わなかった。日本人は霧社《むしゃ》事件（一九三〇年）に毒ガスと大砲をつかって台湾人を殺したじゃないか」「日本語のうまいあなたのような人が、日本の責任を追及すべきだ」…。

この批判に対し、私はこう主張した。

「あの時代いろいろとあったことを今批判しても意味がありません。日本がしたことに比べると、中国はどれほど酷いことをしてきたか。私は過去のことを追及することはあまりしません。未来を、前を向いて、どうすればよりよい生活が得られるか、よりよい歴史、未来を創れるかを考えます……」

おそらく、この段階で、この番組の司会者たちも、そして視聴者たちも私の味方についた。司会者はさらりと、話題を日本の大震災に向けてくれた。私も、何事もないように、日本の被災地に対する台湾の義援金に対し、日本人がいかに感激しているかを話し始めた。

李さんは梯子をはずされたように、気分を害した顔になり「小便に行ってくるよ」と途中退席を宣言した。司会者は引き留めようとしたが、私は容赦ない。「いいわよ、帰ったら？」

去り際に李さんは「あなたのようなエレガントで教養のある台湾女性が日本で活躍することで、日本人の台湾女性のイメージをよくしています」と言ってくれた。しかし、ここでも容赦ない。日本から持参した「鯉のぼりせんべい」を李さんにプレゼントとして手渡しつつ、「五月五日は男の子の節句ですね。このお菓子のパッケージに〝ボーイズ・ビー・アンビシャス（少年よ、大志を抱け）〟と書いているでしょ。永遠の坊やのあなたにさしあげるわ」と、皮肉を言わずにはいられなかった。

李さんは「端午の節句も日本が中国から盗んだな」と言い返すのが精いっぱいだった。

この番組を見ていた友人たちが、あとから感想を寄せてくれた。

「あの毒舌の李敖が、あそこまでやり込められたのをはじめてみた」「金さんを批判しながらも、いったい何度、金さんのことを優雅で美人と言ったか。あれは本音だったろうね」と。喜寿を迎えたバアさんには過ぎたほめ言葉だが…。

おそらく李さんは相当の女好きだろう。彼の秘書は二十歳そこそこの清楚な新人女優風美女だった。そういう見かけで女性を選ぶようなところがありそうだ。だから、イデオロギー的に〝天敵〟の私に対しても、発言の間に「こんなに美人でエレガントな女性」「こんなに優秀で正義感がある人」とほめまくったのだろう。そういう男性には、好ましい女性には、嫌われたくない本能が働く。だから、女性論客が「エレガント」でなくてはならないのだ。こちらが女性らしさを醸し出せば相手の攻撃力は弱まるわけだ。ずるい？　いやいや、戦いでは使える武器は全部使うべきだ。

堀江貴文さんは世の中をなめている！

日本でも、私は討論番組などで歯に衣着せぬものいいをする。二〇一一年二月四日の生放送討論番組の「朝まで生テレビ」に久々にゲスト出演したときも、堀江貴文さんとの激しい〝論争〟が話題になった。この出演依頼を受ける前に「たかじんのそこまで言って委員会」（読売テレビ）でゲスト出演した著名ジャーナリストの田原総一朗さんを私がやり込めたことがあった。その〝お返し〟として、田原さんが仕切る番組に呼ばれたのだろう、と感じた。その日のゲストはいまどきの若者の浅薄な考えを代表するような堀江さんはじめ三十歳代が五人もいて、私だけ突出した高齢者だった。テレビ局が複数のＩＴ世代の若者vs化石のような保守派高齢者の構図を狙っているのは透けて見えた。袋叩きにされる予感はしたが敵に背は見せられない。出演を承諾した。

案の定、堀江さんは携帯電話（スマートフォン）をちらちら見てツイッターをやりながら、人を馬鹿にした態度で、いいかげんなことを言う。

「尖閣諸島は明け渡しちゃえばいいじゃないですか？　何か問題ある？」

「どうして。何しに来るの。北朝鮮は日本を攻めて何をするの。今どき。」

極めつけは、「あなたより、よっぽどキャバ嬢のほうが世の中のことを知っているよ」という発言。これは、田原さんが、齋藤健衆院議員（自民党）の落選（二〇〇六年四月の千葉七区補選）をかわいそうと評したので、私が齋藤さんのようにすぐに政治の現場で働ける議員より、キャバクラ嬢という過去が週刊誌に暴露され、その話題性だけの太田和美衆院議員（民主党）を選ぶ有権者の投票行動の軽佻浮薄《けいちょうふはく》さを批判したことを受けての発言だ。

さすがに、むっときて「私よりキャバクラ嬢のほうが上なんてことは断じてない。今のあなたの発言は間違いです」と言い返した。

一部の年寄りは、時代に乗り遅れるのが怖くて、化石と言われるのが怖くて、こういう若者におもねるのだろうか。私は相手が時代の寵児《ちょうじ》だろうが、誰だろうが、容赦はしない。ツイッターをやりながら、人の顔も見ずにいい加減な答えしかしない彼の態度は、まじめに討論しようとする私に対しても、三時間もの長時間、公共の電波を使う討論番組の視聴者に対しても礼を失している。ついに「堀江さんね、あなた態度悪すぎる！」としかり飛ばしてしまった。

堀江さんは若くして簡単に大金持ちになり、成功者としてちやほやされてきたので、社会をなめた、人間をなめた、世の中をなめた発言をするようになったのだろう。しかし、こういう人たちを、時代の寵児として持ち上げ、若者世代のヒーローにしてしまっては日本のためにならない。汗水流して働く人間が支えてきた日本の技術立国としての誇りが否定され、若者がみな彼のように法の網の目をぬって一攫千金を夢みるようになってしまっては、日本は衰退するしかないではないか。彼を面と向かって批判できる人間は私くらいだろう。そういう責任感をもって、私は自分の信念に沿ったケンカをやりとおした。

収録が終わってから、堀江さんは私に近寄ってきて「さきほどは失礼しました」と言ってきた。私はテレビの前であれ後ろであれ、自分が正しいと確信していることしか主張しない。テレビ収録が終わって、手のひらを返したように主張を変えるような人間は軽蔑してしまうのだ。では、テレビの前の態度は、視聴者に嘘をついていたということなのか？　演出だったのか？　私は真剣に怒りをぶつけていたのだが、それは茶番だったのか。その謝罪をぴしゃりとはねのけ、踵《きびす》を返した。

今回ばかりはさすがに「エレガントにケンカ」とはいかなかった。たが、やはり「朝生」に出たかいがあった部分もあった。

あとでチーフディレクターに聞いたところによれば、ずっと視聴率が低迷していた「朝生」が、その回は反響が大きかったという。賛成にしろ、反対にしろ、反響が大きかったということは、私の堀江さんに対する怒りを見て、誰かが何かを考えてくれた可能性が高いということだ。少なくとも堀江さんから「尖閣諸島を明け渡してしまえばいい」といった暴言を引き出したことは、いろんな人にこの若者の国防意識や国際感覚のレベルを知らしめる機会になった。怒りを、きちんとエネルギーに変え、誰かに影響を与えられた、と思っている。

ＮＨＫスペシャル裁判騒動

しばしば怒りを感じることのひとつに、台湾に関する日本のメディアの偏向報道がある。日本による台湾統治について、日本人があまりに何も知らず、日本人自身が自国の名誉を傷つけていることが、日台関係の大きな障害になっていると考えている。日本人が自分の歴史にきちんと向きあわず、歴史の事実を無視したり、ゆがめたりして台湾のことを報じるのが許せず、ときに怒りの声を上げることがあった。

その最たる例が、ＮＨＫが二〇〇九年四月五日に放送した『ＮＨＫスペシャル　シリーズＪＡＰＡＮデビュー　第一回　アジアの〝一等国〟』だ。この番組の冒頭で、「未来を見通す鍵は歴史の中にある」とあったが、その歴史は事実をゆがめたものであり、日本の未来を故意に暗くし、日本人の名誉を傷つけるものだった。その内容は日本が台湾でどれほど酷いことをしたかを強調し、一八九五年来の半世紀に渡る日本の台湾統治を悪しき植民地経営一色に塗りこめようと、あることないことをでっち上げて、捻《ね》じ曲げて描いて見せたものだった。

次章で詳述しているが、台湾を文明国に育てあげたのは日本であり、台湾人のアイデンティティを目覚めさせたのは日本の統治があったからこそだった。もちろん植民統治であるかぎり影もあった。しかし光もあったのだ。それが公平に描かれているとはとても言えない。まるで中国の中央テレビ（CCTV）が制作したのか、と思うような偏向歴史番組だった。

一九一〇年の日英博覧会に出演したパイワン族のことを「人間動物園」として見せ物にした、と事実とは違う内容を捏造《ねつぞう》し、日台戦争という造語を作って印象操作をしたなど、番組の問題点の枚挙にはいとまがない。一番の問題は台湾人すべてを「漢民族」というひとくくりにし、日台交流に寄与してきた知日派の人物のインタビューを恣意的《しいてき》に編集し、あたかも筋金入りの反日家のように紹介したことだった。

たとえば番組中で「頭のコンピューターはすでに日本化されてしまっているから、あの二十数年間の教育は実に恐ろしい。頭が全部ブレーンウォッシュ（洗脳）されているからね。だから日本式に物を考えたり、日本式に日本語を喋ったりする」と日本統治への〝恨みごと〟を発言したことになっている台湾人医師・柯徳三《かとくぞう》氏。彼は『母国は日本、祖国は台湾』(桜の花出版)の著者で、「大東亜戦争で、日本人が悪い事をした、悪い事をしたと、一生懸命、何十年も謝っていますが、日本が戦争に突入していかざるを得なかった当時の状況を日本人はきちんと学ぶ必要があるのです」と記すように、日本の歴史を極めて客観的に評価してきた人物だ。

この番組が放送されたあと、柯氏は担当ディレクターに「あんたの後には中国共産党がついているんだろう」と抗議し、自分の発言が編集によって〝捏造〟されたことに憤りを表明している。

柯氏は日本李登輝友の会理事の永山秀樹氏の取材にこう答えていた。

「日本による五十年間の台湾統治はプラス面が五〇%、マイナス面が五〇%と考える。NHKの取材を受け、インフラや教育の良さを語ったが番組では全然とりあげられなかった」

「恨みごとは、あの頃の日本政府に対するものではない。私たちを健やかに育ててくれた日本政府には感謝している」

「(番組中に語った恨みごとは)『日本に捨てられた台湾人の恨みごと』であると理解してほしい。(戦後)黙って国民政府(蔣介石政府)に引き渡したときの恨みだ」

「NHKには利用された、騙されたという気もしている。日本に対するネガティブな印象のところだけ取り上げられた…」

番組に出演した台湾人たちは日本語を話していた。もし、それほど日本を嫌悪しているなら、日本が台湾を去ったあと台湾語であれ中国語であれ、それを学ぶだけの若さも頭脳もあったはずだ。彼らが今も日本語を使っているのはなぜか。それは植民地の民のくびきから抜け出せないのではなく、日本語教育を肯定しているからである。しかし、台湾人は日本語を強制された、皇民化教育を強制されたというNHKの勝手な思い込みが、柯氏のインタビューのネガティブなところだけを取り上げて編集したのである。

客観的に歴史をみれば、台湾は清朝に統治されていたころは、「化外《けがい》の地」「文化涯《は》つる処」と言われ放置されていた。客家語、ホーロー語、原住民の言葉などバラバラに点在する言語群の人々がお互いコミュニケーションもとれない状況だった。そこに日本がやってきて日本語を公用語とすることで、初めて本格的に台湾の開拓、開発が始まったのだ。

もちろん、日清戦争後に台湾が日本に植民統治されたことは、台湾人自身が望んで決めたことではない。しかし、ＮＨＫが描くような、台湾人が一方的にいじめにいじめ抜かれた事実もないのである。

〝台湾人に生まれた悲哀〟と言う言葉をしばしば使う李登輝・元総統は日本統治こそが台湾人のアイデンティティ形成に大きな役割を果たしたと評価している。李登輝さんは「戦前の日本人がその理想を注ぎ込んで育成したのが私という人間なのだ」と語っている。

この歴史偏向番組の悪影響は小さくない。日本統治時代を批判し、日台の関係を弱くすれば、台湾統一の野心をもつ中国共産党に利することになる。国際社会に正式の国家として認定されていない台湾が主権を維持するためには国際社会、なかでも隣国の日本や米国の応援が必要だ。しかし、こういう番組で、台湾人が日本を恨んでいるのだと日本人が思いこむようになっては、日本人の台湾への関心が薄くなってしまいはしないか。そうして台湾が中国に併呑《へいどん》されて、台湾海峡が中国に支配されて一番困る外国は日本である。

こういった偏向番組で得するのは中国だけである。

NHKは青蔵鉄道（青海省とチベットを結ぶ鉄道）の正式開通前の特別列車に乗せてもらい番組を一本創る許可を得るなど、中国政府から特別待遇を受けている。中国が日本で最も影響力ある公共放送局に中国のよいイメージを発信してもらい、中国のプロパガンダに加担してもらおうという狙いがあるのは当然だが、NHKもそういう中国側の特別待遇を受けているうちに自然と中国よりの立場が番組の中に反映されているのではないかと疑ってしまう。

この偏向番組に対し、台湾人だけでなく、日台友好団体や多くの視聴者から抗議の声が寄せられた。しかしNHKの日向英実放送総局長は記者会見で「台湾の人たちが親日的であることは十分承知していて、それを前提に伝えた。恣意的に編集することはない」と言い放った。福地茂雄会長（当時）は「いいところも随分言っていると思った」「文献や証言に基づいているし、取材対象の発言の〝いいとこ取り〟もない」と反論した。

このＮＨＫの開き直りは、台湾人やパイワン族、視聴者らのさらなる怒りを招き、一万人以上が原告となる史上最大規模のメガ集団訴訟に発展した。残念ながら、この裁判の結果をみないうちに柯徳三氏はお亡くなりになった。享年八十八歳。係争は続いたが、一審敗訴、高裁勝訴、最高裁逆転敗訴という結果になった。

メディアの中で生き、言論を仕事とする者として、そのメディアが公正性を欠く現状を目の当たりにすれば、それは怒りをもって告発していかねばならないと考える。そして日本のメディアが日台関係にくさびを打ち込もうとするのを見れば、何としても阻止せねば、と思う。ＮＨＫへの怒りは、私怨《しえん》ではない。むろん個人としての怒りがきっかけであるが、メディアの在り方や日本と台湾の関係について世論を喚起する公のパワーに昇華できた例だろう。

第四章

哀しみをのりこえる

——台湾人に生まれた悲哀

1996年2月28日。初めて李登輝さんと会った時のツーショット!!

台湾人に生まれた悲哀

台湾の筍《たけのこ》というのは、日本の物に比べてあくが少ない。あく抜きせずにそのままゆでて食べても、甘くておいしい。とれたての筍をさっとゆでて、小さく切り分け、台湾のやや甘いマヨネーズで食べるのが、初夏の味覚の一つである。

なぜ、台湾の筍はこんなに甘いのか、その理由を勝手に考えるに、温暖な気候、豊かな雨のおかげで、すくすく、ストレスもなく育つからではないか。人間も同じで、台湾人というのは、明るくポジティブで、アクの少ない人が多い。一言で言うと能天気なのだ。私も自分がかなり能天気だと自覚している。でなければ、日本にいきなり留学し、異国の学生の身分で結婚して子供を生み、中華民国当局のブラックリストに載り、パスポートが没収された宙ぶらりんの身分で三十一年もやってはこられなかっただろう。私は、そういう状況でも自分の将来を悲観したことは一度もなく、前向きに頑張れば、なんとかなるさ、と思っていた。

しかし同時に、台湾人は台湾人に生まれた瞬間、生まれながらの悲哀を背負っている。

作家・司馬遼太郎さんの代表的な著作「街道をゆく」シリーズの中の『台湾紀行』で巻末に司馬さんと元台湾総統の李登輝さんとの対談が収録されている。この時のテーマが「場所の悲哀」だった。李登輝さんは「台湾人に生まれた悲哀」という言葉を使った。

人は自分の生まれる土地を選べない。台湾人として生まれたら、その時から背負う悲哀から逃れられない。

その悲哀を語る上で、まず理解してもらわねばならないのは、台湾の歴史である。台湾にはずっと植民地としての歴史があった。最初に台湾を植民統治したのはオランダ(一六二四～一六六二)だった。大航海時代となると、スペインやオランダが、この島の海洋戦略上の重要性に気がついて頻繁にくるようになった。ヨーロッパ船で最初にこの島に上陸したのはポルトガル船で、台湾の別名であるフォルモサ(麗しの島)とはポルトガル語である。地政学上、台湾は外から支配者が入ってくる、侵略される運命の島だった。それまでは大陸から冒険者が海を越えて移り住むなどしていたが、無主の島だった。

オランダ東インド会社が最初に、台湾南部に要塞を築き、領有を主張した。その二年後にスペインも台湾・基隆地域に要塞を築いて開拓をはじめたが、一六四二年にオランダはスペインを台湾から駆逐した。オランダは福建省から漢族を移民させ労働力として使いプランテーション開発を進めようとしたが、抗清復明（清朝に抵抗して明を復活させる）を掲げて台湾にやってきた鄭成功《ていせいこう》の攻撃を受けて、オランダ人も駆逐される。

鄭一族は独自の政権を台湾に打ちたてたが、清の攻撃を受けて鄭成功の孫の鄭克爽の代の一六八三年に降伏する。

以降、台湾は清朝の支配を受けることになったが、清朝は台湾開発に積極的ではなく「化外の地」、つまり中華文明の及ばない蛮民の地と蔑《さげす》んでいた。清朝から派遣される支配者は三年ごとに交代し、本気で支配する気もなく、捨て置かれた島となった。

清朝の統治が及ばないため、犯罪者や、食いはぐれた貧民らが烏水溝（台湾海峡）

を渡ってやってきた。屈強な海の男たちは原住民の女たちを略奪し、混血がすすんだ。これが「台湾人」と呼ばれるもののベースを作っていった。こうして誰もがこの島の主権を主張せず、政治的概念の外で原住民と移民がてんでんばらばらに暮らしていた。

日清戦争で清朝が敗北したため、下関条約に従って台湾が大日本帝国に割譲されたのが一八九五年。以降、半世紀の日本統治時代が続く。清朝が捨て置いた化外の島を、日本は本気で支配し開発しようとした。台湾を日本の一部として、インフラを整備し教育制度を整えた。一九四五年までの日本統治の五十年をどう評価するかは別れるところだが、二〇一一年三月十一日の東日本大震災の後の台湾からの義援金の大きさをみれば、プラス評価、マイナス評価どちらが大きかったかはわかるのではないだろうか。

一九四五年、第二次世界大戦終結後、中華民国・南京国民政府軍が台湾にやってきた。台湾の統治者は日本から中華民国に変わった。この新たな支配者は台湾史上最悪であった。一九四七年におきた二・二八事件で台湾人の中華民国政府への憎悪は決定的になった。

台湾と中国の二つの政治体制がまったく別である、ということは多くの日本人に理解しがたいところかもしれない。しかし清朝時代は「化外の島」として放置され、中華民国支配時代は白色テロに苦しめられた。過去の支配者の中で一番ましだったのは日本であり、半世紀の間に台湾を「化外の島」から文明国に育てあげたのも日本だった。台湾の一番の不幸は、国共内戦で敗北した中華民国がまるごと大陸から逃げてきて、日本が作り上げた文明国・台湾の上に乗っかってしまったことだ。その結果、台湾が中華人民共和国にのみ込まれなかったと評価する人もいるが、やはりそれは不幸といっていいだろう。

日本人は「血統」を重視する民族なので、台湾人も中国人も源をたどれば漢族でしょう、という人がいる。しかし、それは違うのだ。民族というのは文化的な環境に支配される。そういう意味で台湾の文化的環境は、五十年の支配を通じて台湾を文明国とした日本の影響が一番強い。しかも日本の支配を経て、台湾人としてのアイデンティティも育っていた。後から大陸からやって来た中華民国・外省人はむしろ異質な存在だった。それが日本人にはわかりにくいようだ。

今の日本人の錯覚の典型は、たとえば中国に残された残留孤児のとらえ方だ。日本人は彼らを無条件に日本人と考えるけれど、この人たちのアイデンティティはすでに中国人と言っていい。ブラジルの日系人も、この人たちのメンタリティはブラジル人なのだ。アメリカの移民二世、三世は間違いなくアメリカ人だ。だから日本人が彼らと付き合うとき、きちんと中国人でありブラジル人であり米国人だという感覚でつきあわないと混乱に陥るだろう。

台湾で起きた民主化運動と李登輝さんのような指導者の登場で、ようやく中華民国の一党独裁が終わったが、今度は中国共産党政府が台湾を狙っている。アイデンティティもあり、文明国としての要件をそなえていながら、支配される運命の場所に生まれた台湾人の悲哀は今なお続いている。

ただ過去一度も自分たちの意志で政権を打ち建てたことがなかった台湾人が一九九六年、選挙で我が政権を選べるまでになった。李登輝さんは台湾建国の道を、モーゼがイスラエルの民を率いて約束の地を求めて旅だった出エジプト記になぞったが、乳と蜜あふれる土地への理想は、こうした悲哀を知らねば描けなかっただろう。

台湾語、日本語、中国語の間にあって、どの言葉も中途半端

私が生まれた頃の台湾は言うまでもなく、日本統治時代である。家では台湾語で話すが、公用語は日本語だ。よく、日本人と差別されなかったか、と聞かれるが、もちろん差別はあった。

たとえば、日本人が入る学校が小学校なのに対して、台湾人が入る学校は公学校という。どこが違うかというと小学校は日本語ネイティブ向けの授業をし、公学校は日本語を話せない子供たちが入り、まずはアイウエオから日本語を勉強するのだ。これは差別ともいえるし、ある意味合理的ともいえる。台湾人が同じ小学校にいっても、言葉に躓《つまず》いて、勉強できないとしたら、そちらのほうが非合理的だろう。それに台湾人子弟もある程度日本語ができると、試験を受けて小学校に入学できた。だいたい生徒の二割くらいが台湾人だった。差別はあるが、完全に台湾人にチャンスの道が閉ざされているわけではない。

私は公学校に入学し、二年生のとき父親の仕事の都合で、日本に引っ越した。二年間、大阪の小学校で勉強したので、帰国すると難なく小学校四年に編入できた。この時に発見したことは、公学校にはプールがないのに、小学校にはプールがあったということだ。こういう非常に分かりやすい形の差別は確かにあった。そういう場面場面で、自分が台湾人であるということを認識させられた。

そういう日本統治時代の差別は、その後の中華民国統治時代の差別に比べると、大きなものではない。

中学一年生になるとき、台湾の統治者は日本から中華民国に変わった。それに伴い、公用語が日本語から中国語になった。言葉が変わるということは、それまでの文化的蓄積が一瞬にして崩されるということだ。

中学校の授業は最初から中国語で行われた。台湾人の生徒にとってはちんぷんかんぷんである。大陸からやってきた中国人子弟はもちろん授業がわかる。こうして、自然と中国人子弟は成績がよくなり、台湾人は落ちこぼれてゆくことになる。こういう制度を比べるだけでも、日本統治時代の教育のほうが、台湾人の知的成長にとっては合理的だと言っていい。中華民国の教育制度は台湾の子供たちの知的成長の致命的な障害となった。

統治国交代を思春期に経験した台湾人は、台湾語、日本語、中国語と三つの言語の間にあって、結局どの言葉も中途半端な人が多い。言葉が中途半端になる、ということほどつらいことはない。言葉は知識のインプットと、自己表現のアウトプットをつかさどる思考の要だ。言葉が中途半端ということは思考が中途半端だということだ。思考するツールが奪われるということなのだ。

私は、語学の習得に関してはかなり早かった。文法はからきしダメではあるが。たとえば、中学校では中国語は最初全く分からないが、先生が「ドン、ブードン？」と尋ねると、それが状況的にみて「分かった？」と聞いているのではないか、という察しがついた。また、ブーが否定の「不」を指すことも、何度か聞いているうちに分かるので、とっさに「ブードン」と答えることができたのだ。先生は、誰も中国語が分かっているとは思っていなかったので、私が「ブードン」（わかりません！）と答えたことに驚いて、「金美齢は天才である」と黒板に書いたほどである。もっとも、努力が必要なレベルになると、勉強する者の成績が上位に行った。同世代の友人たちは、ほとんどが、中国語も日本語も台湾語も英語もそこそこできるが、完璧にはほど遠い。

小中学校で台湾語、日本語、中国語、英語をほぼ同時に学んで、いずれの言語も武器にできる人間は非常に少ない。それは切れない包丁を何本も持っているようなもので、切れ味のいい包丁を一本持っているほうがいい料理ができるように一つの母語を完璧に使いこなせるほうが、思考は深くなる。

またいくつも語学を習得したところで、第二外国語のレベルは母語を越えるはずはない。一つ、高レベルの母語があれば、その水準に第二外国語を近づけることは学習の努力で可能だ。私は自分の娘・息子に対しては外国語を学ぶことを勧めなかった。幼稚園や小学校で英語教育をすべきだという親は日本にも台湾にもいるが、それは意図せず自分の子供の思考を浅くしているのだと思う。日本の若い母親にはひとこと、言いたい。日本語で思考できない子供が、英語で思考できると思ったら大間違いだと。

私が公用語の変更という悲劇をうまくしのげたのは、思春期の読書体験がすべて日本語だったからだろう。中華民国で公用語が中国語になったあとも、読書は日本語だった。というのも戦後の台湾に存在する良書はほとんどが、日本人の残したものだったからだ。

大陸から逃げてきた中華民国は、およそ知的文化というものを台湾に持ち込まなかった。自分たちの支配時代には、反共産党に徹し、外国からの新しいイデオロギー・知識はことごとく拒絶していた。蒋介石時代は日本のものも台湾に寄せつけないようにした。台湾人はただでさえ日本にノスタルジーがあるから警戒したのだ。外国の名著や文化が中国語に翻訳されて台湾内に流通することも少なかったし、日本語の本が流通することもなかったが、知識階級の家には戦前から残されていた多くの日本語の書籍が大切にされてきた。

五十年の日本統治時代に、日本語に翻訳された海外の書籍は実に豊富だった。日本語は表音文字と表意文字の両方があり、しかも表音文字が二種類もあり、豊かな表現力がある。世界中のあらゆる概念に接することができる。日本語さえできれば、世界中のあらゆる素晴らしい知識が、日本語訳を通じて吸収できると思うようになり、日本語を母語とすることにためらいはなかった。もし自分の母語を日本語と決めなければば、今頃、私は言葉と思考の海に漂流していたかもしれない。日本語は私にとって、錨《いかり》の役割を果たしたのだ。

日本語でなら、今ここで九十分の講演をしろ、といきなり言われてもできるという自信がある。思考のすべてを言葉で表現して聴衆に伝えることができる。中国語や台湾語を使うならば、おそらくは、その七～八割くらいしか表現できない。英語なら五～六割くらいだろう。それでも同世代の台湾人に比べればかなりマシな部類に入る。言葉とはそれほど奥深い。だから自分の子供たちにも、まず日本語を磨くことを要求したのである。母語を日本語にしたことで、子供たちのアイデンティティは台湾人ではなく日本人となった。この選択は正しかったと思っている。

台湾人に生まれたことで、母語が定まらぬ憂き目にあい、日本語を大切にする気持ちにつながった。それは今の日本を愛する気持ちにつながっている。

だからこそ、少なからぬ日本人が、日本語をあまり大切にせず、バイリンガルを育てるなどといって、母語が未熟な幼い時代から英語を教え込もうとするのをみると、言葉の奥深さと怖さを知らないのだな、とため息がでる。

パスポートのない人間の不安と屈辱感は、言葉では伝わらない

一九六四年、私は中華民国のブラックリストに載り、中華民国と決別するつもりで、中華民国パスポートを引き裂いて捨て去って以来、三十一年の間、パスポートなしで暮らしてきた。パスポートを無効化された直後は、日本政府が私たちの在留を許可してくれるかどうかわからず、もし強制送還されることになったら、子供たちだけは、何としても安全な日本に残そう、信頼できる人たちに子供を託そうと考えていた。強制送還されて拷問されるようなことになったら、その前に自殺したいと本気で考えていた。日本政府が、特別在留ビザを発行してくれたことへの感謝は言葉に尽くせない。

しかし、この間、パスポートのない境遇、自分を国民として保護してくれる国家のないことの悲哀も十二分に味わった。台湾の民主化が進み、私たちのブラックリストが解除され、中華民国パスポートを発行された後は、一人前の国家と認められない国の民が国際社会でどういう扱いをうけるかという屈辱も味わった。

ブラックリストに載ってから以降、最初に日本国外に出たのは一九七四年。オーストリアのウイーンで開催された世界台湾同郷会の設立大会に出席するためだった。このとき、私は初めて日本の法務省が発行する「再入国許可証」をもって、オーストリアのビザを取得した。パスポートを持っていない人間を日本がもう一度、受け入れてくれる、というたった一枚の証明書が私の身を保護するものだった。この再入国許可証は、ビザを発行する外国の領事部の窓口の人でも、パスポートコントロールのオフィサーも実際に目にすることはそう多くない。これはなんだ、といちいち、足止めされ、説明するのは非常に骨が折れ、また情けなくもあった。オーストリアは比較的スムーズにビザを発行してくれたが、ドイツはじめ、いくつかの国は、最初からパスポート非所持者の入国を認めなかった。

ウイーンに行き、オペラを聴き、テレビや書籍でしか知らなかったヨーロッパの文化に直に触れ、その現場にいることの貴重さが身にしみた。イタリア・オランダ・英国を周り、パリから帰途についた。

翌年一九七五年、英国・ケンブリッジへ留学することにした。それはすでに書いたように、子供が手を離れたら、留学してもよいという夫との約束でもあった。実は、前の年に英国を訪れたとき、ケンブリッジに赴いて、必要書類などは調べ上げていた。客員研究員の身分で出かけた。この時も、ぺらりとした、日本法務省が発行してくれた再入国許可証に、英国の留学ビザを張ってもらった。ビザを申請してから、何カ月も待たされ、人生で最初で最後の円形脱毛症を患うほど不安にさせられた。

ようやく得たビザとともに始まったケンブリッジ留学生活は、実にすばらしい経験だった。英文科出身で英米文学専攻なのだが、文学にはそれが生まれた場に行かなければ理解できない、ニュアンスというものがあることも改めて思い知った。

ケンブリッジに留学して間もないころ、教職員と大学院生専用の学食で、著名物理学者S・ホーキング博士の妹が偶然にも隣りに座った。しばらく会話して、「ケンブリッジで何をしたいの？」と尋ねられた。私は「英米文学の研究を」と答えると、彼女は「あなたたちに、英文学が本当に分かるの？」と、ちょっとバカにしたように問い返した。私はこのとき、英国で暮らしたこともない東洋人が英文学を理解するのに限界があると、うすうす気付き始めていた。英国に来てから、やっと到達する作品への理解度というのがあることを知ったからだ。この国に生まれ育った人間の理解には到底およばない。ただし、この国に生まれ育った人でも、文学など永遠に理解しない人もいる。そういう人と比べたら、少しはマシかなとも思う。

ちょうどそのころ、日本人で初めてケンブリッジで英米文学の博士号を取得した日本人男性がいた。彼は東京大学を卒業し、津田塾大学の教師をした上で留学してきた大変優秀な人だったが学位をとるまでに八年を費やした。ここに来て、東洋人が英米文学を研究することの難しさを思い知った。私は方針を変えて、ケンブリッジ留学時代は、研究よりも欧米の文化を色々な形で体験し吸収することに重点を置くようにした。このヨーロッパの土地を見て歩き経験しなければ、得られない理解というものがあると思った。一年半の英国滞在中、最後の半年はヨーロッパを旅行し、歩き回った。

このヨーロッパ旅行をするために、私はロンドンの各国の総領事館でビザ申請をしなければならなかった。ビザ発行が何カ月も待たされることもあったが、結果的にはほしいビザは発行された。フランスの領事館へは、パリのオペラやルーブル美術館に通うために何度もビザ申請しに行き、最後にはビザ発行手続きの窓口のおじさんともすっかり顔なじみになって、その場で許可してくれるほどになった。口でいえば、一言、「大変だった」で済むのだが、その間に味わうパスポートを持たない人間の不安と焦燥、そして屈辱感は、おそらく言葉では伝わらない。

日本パスポートは〝五ツ星〟のパスポート

台湾の民主化にともない私のブラックリストが解除されたあと、中華民国パスポートを再取得した。夫の周英明は、中華民国のパスポートは嫌だ、とあくまで拒んだ。しかし、私が取得することにはむしろ賛成した。彼はこう言った。「台湾独立運動の最前線は今も台湾にある。君が中華民国パスポートを取得して、台湾に行き、台湾で独立運動を応援することが、方法論としては正しい。しかし、私はどうしても中華民国パスポートを受け入れられない」。

夫があれほど嫌がった中華民国パスポートを私が再取得したのは、ひとつには、海外に行く不便さを解消したかったこと、そして民主化した台湾に行き、総統選挙で一票を投じたかったからだ。この台湾の総統選の私の最初の一票については、後述する。

さて、中華民国パスポートを取得した私が、その後、簡単に海外旅行にいけるようになったかというと、決してそうではない。台湾という国際社会で国家とみとめられていない国の政府が発行するパスポートの力の弱さを思い知ることになる。

あるとき、日本人の知人グループとイタリアに旅行にいく計画を立て、私は早目にビザを申請した。日本人と違い、台湾人がイタリアに行こうと思うと厳しい審査が行われる。たとえば、預貯金がどれくらいあるか、どういう仕事をしているか、身元がしっかりしているかを調べるのだ。

私は職業欄に作家と書き、預金通帳と、職業を証明するために自著を持って、在東京のイタリア大使館の領事部に赴いた。ビザ発行窓口の対応は日本人女性だった。この日本人は私が差し出した中華民国パスポートと、ビザ申請書、預金証明のための通帳を見ながら、横柄な口調で「受け付けられない」と言った。彼女の説明では、過去半年の通帳の取引実績がないとビザは発行できないという。私の通帳は一カ月前に更新されたばかりだった。それならば、最初に電話で必要書類を問い合わせたときに、そう言えばよいものを！　と思いながら、黙って引き下がり、日を改めて前の通帳ももって再度ビザ申請に行った。このとき著書は重かったので、家に置いてきた。前回のとき、窓口では職業については疑問が持たれなかったから必要ないと思ったのだ。ところが再度、窓口に行くと、やはり同じ日本人女性が対応し、「受け付けられない」と言った。「あなたが作家だと、どうやって証明できるの？」

これは、明らかに嫌がらせだと感じた。台湾人という、国際社会で立場の弱い国の民だと見くびった発言だった。私は怒りが抑えられず、うしろのイタリア人上司に聞こえるように英語で「私はもう七十歳を過ぎているのよ！　ふつうなら引退しているわ。なら、リタイアして無職の人間はどうすればいいの？」と叫んだ。

これに気付いたイタリア人上司は私の通帳をみて「受け付けても問題はないんじゃないか」と言ってくれた。

この後、あまりに腹が立ったので、知り合いのイタリア人記者に電話して、散々文句を言ってやった。彼は偶然にもイタリア総領事と友人の間柄で、すぐに電話をかけてくれたので、次にビザを受け取りにいったときは、手のひらを返したような対応だった。

私は二〇〇九年秋に、日本国籍を取得した。この理由については、さんざんあちこちで語っているが、二〇〇八年の台湾総統選の民進党敗北がきっかけであった。詳しくは『私は、なぜ日本国民となったのか』（ワック）をごらんいただきたい。

日本人として日本のパスポートを持った瞬間、私は国際社会に歓迎されるようになった。日本パスポートで渡航できる百九十五カ国のうち、事前にビザ申請が必要な国はせいぜい六十カ国あまり、つまり百三十カ国以上を事前のビザ申請なしで訪れることができる。たとえ事前ビザ申請が必要だとしても、日本パスポート所持者に対する事前審査はさほど厳しくない。パスポートコントロールを通過するさいも、日本パスポート所持者に対する各国のオフィサーの態度は心なしか丁寧で親しみにあふれている。税関の荷物検査も、心なしか緩やかだ。

パスポート無し時代、中華民国パスポート時代を知っているだけに、私には日本パスポートは魔法のパスポート、パスポートにミシュランガイドがあるならば、三ツ星どころか五ツ星のパスポートに思えた。これは、日本のもつ国際社会に対する国家イメージが極めて良好だからである。先人たちが積み重ねてきた功績でもある。日本人はそういう日本をもっと誇りに思うべきだろう。

私が無性に腹のたつことがあるとすれば、それは日本人なのに、国家を否定し、国旗や国歌を侮辱しながら、日本のパスポートで平然と海外に行き、日本国政府に身元を保証されていることが当然だと思っている人たちがいることである。国家の庇護を受けながら、その国を否定するその手の人々は「私は世界市民、コスモポリタンだ」とうそぶき、国境があるから争いがあるのだ、とわけのわからない理想を掲げる。しかし、国際社会というのは国家の集合体である。いずれの国家にも属さない人間が国際社会に受け入れられるはずがない。他国の侵略を受け、伝統的文化をないがしろにされ母語も定まらぬ悲哀を一度も経験したことのない若い日本人が、「ほとんどの人は国を守るのは何となく当たり前だと思っている（と思う）。だけど本当にそうなのか？」（堀江貴文氏のブログ「六本木で働いていた元社長のアメブロ」より）といった疑問を本気で、訴えているのを聞くと、この国の未来に不安を感じてしかたがない。

もちろん、国家が国民の敵という国もあるだろう。もし日本が本当にそのような国民の自由と基本的人権を弾圧するような圧政の国だと考え、本気で国家と闘うつもりであるなら、一度、そのパスポートを引き裂いて捨ててみるといい。かつて中華民国の蔣介石独裁政権と闘っていた私が中華民国パスポートを引き裂いて捨てたように。その覚悟もない人間が、国家に守られながら国家を否定する姿は、台湾人に生まれた悲哀を知る人間からみれば、滑稽を超えて哀れを催す無知である。

最愛の人との永遠の別れ

台湾人としての生まれながらの重荷とは全く別の次元だが、日々の暮らしの中で味わう悲しみもある。夫・周英明との死別は、私が経験した最も悲しい出来事だった。人生で最初の最愛の人との永遠の別れだった。

二〇〇五年五月、周英明は手遅れのがんで余命一年半と宣告された。年に一度の職場における健康診断で、「大腸を再検査するように」という医師からの勧告が出た。彼はそれを無視した。翌年も同じ結果が出たが、それでも彼は病院に行こうとしなかった。もちろん私は何度もしつこいほどに「病院に行ったら」と言った。しかし、言う度にケンカになった。そんなことで言い争うのが嫌で、私もいつの間にか、うるさく言わなくなっていた。今思えば、彼は、本当は病院が怖かったのだろう。蔣介石政権を敵に回して闘った人が、病院が怖いなんて。

それから数年、普通の暮らしが続いた。その間に病巣《びょうそう》のがんは大腸から肝臓に転移していた。あきらかに体調に異変があり、娘が彼を病院に無理やりつれていったときには、手遅れだった。腹部エコーで検査すると、腫瘍の影がいくつも見えた。まさか自分たち家族の誰かがそんな病に倒れるなど夢にも思わなかった。人を恨んだことはないが、この時ばかりは自分の危機管理の甘さを恨んだ。

広尾の日赤医療センターに入院し、大腸がんの摘出手術を受けることになった。「個人差はあるが、余命は平均一年半」と主治医に聞かされた。手術は一応の成功だった。手術前に本人は、「人工肛門だけは付けてくれるな」と訴えていたが、その願いも叶って人工肛門も付けずに済んだ。

執刀医が術後に摘出した病巣を見せてくれた。びっくりするほど大きくグロテスクな肉の塊で、私はそれを正視することができなかった。あんなものが、彼の腹の中に巣くっていたのか、と思うとぞっとした。目をそらした私に執刀医が「大丈夫ですか?」と声をかけてくれたが、「ハイ」と答えるのがやっとだった。ふだん、強気の言動がウリで、〝つっぱりの金さん〟で通している私が、ここで卒倒するわけにもいかない、と足を踏ん張っていたのを覚えている。

主治医は大変親切で、いろんな検査結果やデータを示し説明してくれた。今の時代の医療技術は私の想像をはるかに超えていた。抗がん剤の投与が始まると、腫瘍マーカー数値は見る見るうちに改善されていく。夫は昔からやると決めれば、きちんと取り組み必ず優秀な成績を残す優等生タイプだったので、私も「さすが正真正銘の優等生だわ。成績が出るものになると、断然本領を発揮するのね」と冷やかしたほどだ。彼は、まんざらでもなく、嬉しそうな笑顔を見せてくれた。

これまで数々の困難を共に乗り越え、時には警察の追手を逃れるために、深夜に逃避行までした私たちだ。もうダメかと思ったことも何度かあったのに、ここまで頑張ってこられた。医療技術がこれほど進み、医師たちがこれほど親身になってくれているのだから、必ずこの病も乗り越えてゆくことができるのではないか。当初の化学療法が予想以上の結果を出したことで、私は奇跡を信じる気持になっていた。「余命一年半というのはあくまで平均値だから、彼はもっと生き延びるのではないかしら、三年くらい大丈夫ではないかしら」。そんな、楽観的な期待を募らせていた。

しかし、現実はそんなに甘くはなかった。彼の体の中にできたがん細胞は、やがて骨にも転移し、ささいなショックで足の骨折を引き起こした。リハビリをするも、高齢で不器用な彼にはなかなか難しく、寝たきりになるまで時間はかからなかった。

彼は生まれてこの方、痛みや苦しみで泣き言を言わない人だった。この時も、相当の苦痛であったろうに、滅多に痛いとは言わなかった。

ただ病床で「ママ、悪いね、忙しそうだね」とすまなそうに私にあやまるのだ。「何言っているの。あなたはこれまで散々働いたじゃない。選手交代よ」と快活に言って見せるも、それが本当に快活に見えるかどうかは自信がなかった。私の心はすでに涙でいっぱいだったのだから。

これほど奇跡を願ったことはなかった。しかし、奇跡など起こらないということがはっきりと分かってきた。

がん宣告を受けてからちょうど一年半、彼は認知症のような症状になった。あれほど聡明な人がまともな反応ができなくなっていた。主治医が「あんな優等生の患者だったのに…。ショックです」とうなだれていた。この時、私は自分の悲しみに浸るだけでなく、これほどまでに献身的に親身に私たちを支えてくれた医師たちの誠実さに心から報いたいと思った。

二〇〇六年十一月九日夕、周英明は七十三歳の生涯を終えた。その事実がなかなか受け入れられずに、ぼんやりしている私に、主治医は「ここは大学病院であり教育機関でもあります。今後の医療のために、ご主人のご遺体を解剖させていただけませんか」と言った。

あんなに病院を怖がっていた人の体にまたメスを入れるというのか、また痛い思いをさせるのか。そう思って返事に詰った。しかし、私が答えるより先に、そばにいた息子がこう言った。「父は教育者でした。医学教育のお役に立つのでしたら」。

私もはっと我に返り、うなずいた。教育熱心な彼のことだ、この誠実な医師たちの献身に、身をもって報い、後の患者のために役立ちたいと言うはずだと気がついたのだ。

最愛の人との永遠の別れは、言いようのない深い悲しみであったけれど、多くの人の献身に支えられ、最後には感謝の気持ちとともに静かに受け入れられた。彼の人生は、一点の曇りなく、人から愛され、その愛に報いる立派なものであったと誇りに思えた。

比較的最近にヒットした『ＪＩＮ―仁―』というテレビドラマを見た時、ふと、夫の臨終のときを思い出した。現代の脳外科医がタイムスリップして江戸末期に行くという奇想天外のストーリーで、主人公は脳腫瘍を患っていると思い込んでいて、もし自分が死んだら江戸時代の医者たちに自分を「腑分けしろ」と約束させるシーンだった。

夫が受けた医療技術の進歩の背後には、ＪＩＮの時代から続く人々の経験と研究、献身の積み重ねがある。そこに愛する人との死別という悲しみが必ずあるのだが、その悲しみですら、未来に役立てることができる。私たちは未来に役立つ選択ができたわね、と心の中で夫に話しかけたのだった。医療機器がどれだけ高度になろうが、最終的には「開いて診る」というプロセスがなければ一〇〇％の診断はできないという現実も思い知ったのである。

永い人生で、人は必ずいくつかの悲哀と遭遇する。生まれながらに悲しみを背負う生い立ちもあるだろう。そして、しばしば「傷ついた」と嘆き、時には自殺を図る人もいる。私の中学校時代の親友の一人は、自殺した。思えば人生で最初に経験した号泣は、彼女のお葬式だった。文学少女で繊細な彼女は、台湾人に生まれた悲哀を早くも感じていたのかもしれない。

彼女が自殺を図る前に「美齢、一緒に死のうよ」と言われたことがあった。私は間髪いれずに「嫌だ」と答えた。彼女は、少し驚いていた。これは私の想像だが、彼女が他の友達に「一緒に死のう」と言ったとき、誰かが同情したのではないか。死ぬ気もないのに、そうしよう、と言い、かわいそうに、とその死を肯定する無責任な同級生がいたから、彼女は毒物を飲んだのではないだろうか。二、三人でヒソヒソと何か相談していたのは間違いない。

彼女が毒物を飲んだのは、運動会のリハーサルの日だった。「飲んだよ」と彼女は私に告げた。一瞬、何の話か理解できなかった。

障害物競走のあと、彼女は激しく吐き、その後、一週間苦しみ、衰弱して亡くなった。死ぬ前、彼女は死にたくない、と訴えていた。

彼女の言葉を冗談だと聞き流し、汽車通学のため、先に下校し、その後の経過を全く知らなかったが、現場にいた者も誰も医者に事情を話していなかったのだろう。すぐに胃の洗浄をしていれば…と悔やまれる。

彼女のことを思い出すたびに、私は「傷ついた」「死にたい」と訴える人への無責任な同調や同情を嫌悪する。

どれほどの悲哀も絶望も、ほんの少しの勇気で正面から向き合えば、傷付けられっぱなしということはない。献身的に支えてくれる人、共に立ち向かってくれる同志とも出会えるかもしれない。

哀しみによって傷つけられるのではなく磨かれてゆく人生もある。悲しみを未来に役立てることもできるだろう。私は自分の人生がそうであったと、胸を張って言いたい。

第五章　密かな楽しみ

——誰にでもできる美食とおしゃれと人づきあい

雑誌の取材に応じる。自宅書斎にて

美食は朝食から始まる

私の口は昔から贅沢だ。もともと台湾人は、食べることにこだわる人たちで、しかも私は茶行を営む豊かな家に育ったこともあり、子供のころから食に関しては大変贅沢に育ってきた。といっても、食べない食べ物を大量に注文して食べ残しをつくって、それをゴミにするような真似はしない。食べ物を無駄にすることは大嫌いなのだ。一人何万円もするようなレストランをミシュランガイド片手に歩き回るようなこともしない。レストランにいって、まずは一番高い料理を選ぶような、オーダーの仕方も下品で嫌いだ。味が分からないので値段で区別するしかないと思われる。私の言う食の贅沢とは、自分の舌で良いと思うものを選びぬき、適量を楽しむ。ささやかな至福の時間を自分に与える。あるいは自分の周囲の人たちと分かち合う。そういうことだ。

美食は朝食から始まる。

朝食は必ず一時間以上かける。目覚まし時計をかけなくとも、午前八時ごろに目がさめる。それから自分で朝食を用意する。キッチンに立ち、台湾の親友が送ってくれる特製紅茶を牛乳で煮出してロイヤルミルクティーにする。パンはフォッションのブールという丸いフランスパンを厚めにきって、トーストする。バターを塗ってさらに軽く温めると一層風味がいい。バターは乳酸菌発酵のトラピストバターを愛用している。それらをお気に入りのロイヤルコペンハーゲンの食器に盛り付ける。

パンは真ん中の軟らかいところから食べる。皮はもう一度バターをつけて焼く。半分はチーズをのせ、半分は千葉県のいちご農園の手造りジャムを塗る。食後は必ずオレンジを食べる。ナイフで厚皮に切れ目をいれ、一つずつ薄皮を剝いて食べる。これを全部、自分のペースで行うと一時間以上かかる。ゆっくり新聞を読みながら二時間かけることもある。

この朝ごはんの時間を邪魔されないように午前中には仕事をいれない、と決めているくらいだ。遠方への講演旅行のために昼前に出かけなければならないときは、オレンジを省略する。そういうときはバッグにオレンジを一ついれ、新幹線や飛行機の中でごそごそ取りだす。

講演旅行に出かけた時、ホテルに泊まることがあれば、ホテルの朝食は必ずパンだ。私は和食の朝ごはんは受け付けない。旅館に泊まる時も、和食の朝食ではなくパンとカフェオレにしてくださいと事前に頼んでおく。ホテル・オークラのフレンチ・トーストが好きで、わざわざホテル・オークラに泊まることがある。

この本の執筆のために滞在した軽井沢のホテル鹿島ノ森は、ホテル・オークラの運営で、伝統レシピのフレンチ・トーストが朝食に用意されているので、それを頼むこともあった。私はこの伝統レシピのフレンチ・トーストが、フレンチ・トーストの中で一番おいしいと思っている。台北の定宿、ホテル・シャーウッドで同じレベルのフレンチ・トーストを作らせようとシェフにいろいろ教えているが、まだ、ホテル・オークラのレベルまではいっていない。しかし、クロワッサンの焼き具合は相当レベルが高いので、ホテル・シャーウッドに泊まったときは必ずクロワッサンを頼む。

おいしい朝ごはんをゆっくり食べているうちに、活力がわいてきて、さあ、きょうも一日がんばろう、という気分になってくる。私にとって、お気に入りの朝食を食べるということは、自分に活を入れる儀式のようなものなのだ。

値段より、好きなものを選び揃える手間、それを楽しむ

テレビ出演や講演などを仕事にしている私は、各地に行って、その地方のおいしいものを主催者からごちそうになる。その地方で何が名産品で、どの季節に何がおいしいのかを自然に知るようになった。こういった仕事を継続していると、その地方の仕事関係者から各地の名産品を土産にもらうことが多い。年寄りなので、持って帰るのが大変だろうと気遣っていただき、たいていは後日、事務所のほうに送付してもらっている。そういう場合、同じものが幾つも重なって来て無駄になっても困るので、先に「何か送っていただけるのなら、これにしてくださいと」と図々しくも指定させてもらう。

たとえば、軽井沢で偶然出会った某出版社の編集者が「お近づきの印に、故郷の淡路のちりめんじゃこを送ります」とおっしゃってくれたのだが、「ちりめんじゃこは、すでに徳島の方から戴いて家の冷蔵庫にまだいっぱいあるのです。できれば、淡路島

のおいしい玉ねぎがほしいです。時期はいつでもかまいません」とリクエストした。先方は快く「では玉ねぎが一番おいしい季節に送りますね」とおっしゃってくださった。せっかく上等のちりめんじゃこを戴いても、食べきれずに無駄になっては意味がないので、厚かましくもこんな要求をしてしまった。

関西の読売テレビ番組「たかじんのそこまで言って委員会」に出演している関係で、プロデューサーから毎年、お中元やお歳暮が来るのだが、これについても「送ってくださるなら、神戸トアロードのハムとピクルスがいいです」と最初からリクエストし、毎年同じものを戴いている。なので、中元・歳暮の時期に同じようなものが幾つも重なって困るということはなく、そろそろあの方からは美々卯のうどんすきセットがくるわ、あの方からはハムとピクルスがくるわと、毎年、心待ちにできるのである。食いしん坊の私には、いつの間にか、おいしいハムをくれるAさん、選りすぐりの牛肉を送ってくださるBさん、といったふうに食べ物と人物のイメージが結びついている。食べるときに、その人のことを思い出し、どうしているかしら、おいしかったと手紙を書こう、と思い立つ。

こちらから年末には、台湾の選りすぐりのカラスミを正月の用意に間に合うようにお届けする。そんじょそこらの空港内の免税店で手軽に買える代物ではなく、「これぞ世界の珍味」と納得していただける自慢のカラスミなのだ。

贅沢といえば贅沢だが、そうは言ってもささやかな贅沢だ。一人の人間の食べる量などたかが知れている。八十歳を越えた今でも現役で働いている身には許されるレベルの消費である。必要なのはむしろ、お金より好きなものを選び、揃える手間。それをめんどうくさがらずに、楽しむことが美食の本質、いや豊かさの本質だと考えている。

世の中には、「豊かさはお金でしか買えない」と思い込んでいる人がいるようだ。高級レストランで一人何万円の食事をすれば、本当においしいものに出会えると思っている。高級ブランドのバッグをいくつも買いそろえることが豊かさだと勘違いしている。もちろんお金をぱっと使うことに豊かさを実感し、快感とする人もいるだろう。そういう人は、お金があるなら、そういう贅沢を追求したらいい。しかし、「お金がないので贅沢ができない。不幸だわ」と思うのも勘違いなのである。

もちろん、お金は重要であり、ありがたいものである。世の中のほとんどのトラブルはお金で一番手っ取り早く解決できるだろうし、かなり多くのものが金で買える。私もそれなりの人生の山谷を越えてきたので、お金の力というものを嫌というほど知っている。ただし、金がなければ手に入らないものばかりでもない。かつて、堀江貴文さんが「金で人の心は買える」「女は金についてくる」といった発言をし、その放言は一部の若者たちの共感を非常に得ていたが、この言葉は正しくない。正確に言えば「金で買える人の心もある」「金についてくる女もいる」だ。金で買える人の心のなど欲しいとは思わない。つまり、金で買えない人の心も、女の心もある。金ではどうしても得られないものも、けっこう多くある。金以外の方法で得られる喜びも楽しみもあるのだ。

美食の楽しみで、一番必要なものは、実はお金ではなく、これがおいしい、と思える「舌」である。これは金だけで買えるものではない。自分が歩んできた人生によって培われるもので、お金ももちろんそれなりにかかっているかもしれないが、億万長者である必要もない。この「舌」つまり味覚は、万人に共通する基準もなく、絶対的なものでもない。

たとえば、有名レストランの一人何万円もするディナー・コースで、グルメ本で絶賛されている味でも、私が食べて、塩かげんが若者向きできつい、と感じれば、不満が残る。「皿の芸術」などとテレビのグルメ番組で取り上げられるヌーベル・キュイジーンより、オーソドックスなステーキやコキール、煮込み料理のほうが私は好きだ。地方の小さな町の名もない食堂で食べたとんかつが七百五十円なのに、絶妙の衣の厚さと揚げ加減で感動することもある。私はピーマンと生野菜が好きではないので、他の人がいくらおいしいと勧めてくれても、ピーマン料理や野菜サラダをおいしいとは思わない。

美食は、あくまでも自分が決めた基準による密かな楽しみなのである。

何か贅沢をしよう、豊かさを楽しもうと思ったとき、美食なら誰でもできる。私のような悠長な朝食は、定時出勤の勤め人や家事に追われている人に真似はできないかもしれないが、たとえば一週間に一度、すごくおいしいものを食べることはできるだろう。自分で料理を作るにしろ、外食するにしろ、今週のこの日、家族や大切な人と、とびきりおいしいものを食べてその至福を分かちあおう、と考えたときに、ああ、これが食べたいな、と頭に思い浮かぶ味があるならば、あなたは美食家だ。

その味覚は、これまでの人生の積み重ねが与えた一つの大きな財産であり、本質を知る力であり、これからの人生に、またとない楽しみを与えるのだ。

自分のおしゃれを確立する

おしゃれですね、とよく言われる。私は「もちろん、年季が入っていますから！」と笑って答える。私の「おしゃれ」の起源は母親の代からはじまる。母親はダンスパーティにと、遊び歩くモボ・モガ時代のモガ（モダンガール）であり、流行の先端をいく「おしゃれ人間」だ。その血を受け継ぐ私も、若いころからおしゃれに浮き身をやつしている。ハリウッド映画で見たエリザベス・テーラーの真似をしてシャツの襟を立てたり、髪型をまねしたりした。

台湾の女子中学生は髪を耳元で揃えて切らねばならない校則があったが、私は卒業したらパーマをかけたい一心で髪を伸ばし、髪を切れと怒る学校の先生から逃げ回っていた。

日本に留学したときも、二つのスーツケースに優先して詰め込んだのは、ドレスや靴とハンドバッグのペア、帽子の類だった。もっとも、日本に来たばかりの留学生に、そういう衣装をまとって出かけていくような社交界はなかったので、まったく無用の長物となったことはいうまでもない。五年の間箪笥《たんす》の肥やしであった、くるぶしまでのチャイナドレスが結婚式の披露宴でついに陽の目を見た。体型に変化がなかったのでピッタリだった。

おしゃれは、女の特権的な楽しみだ。男もおしゃれな人は多くいるが、しかし、着る衣装の多様さだけとっても、女のおしゃれのほうが幅広く、その人の個性や美意識がより反映される。

このおしゃれに対するこだわりも、私なりにひそかな基準がある。

まず、テキスタイル、素材の良さに一番こだわる。手触りや着心地が一番重要なのだ。そして色、発色が美しいこと。シャネルを全身にまとって「シャネラー」と呼ばれているのを自慢する芸能人も見かけるが、シャネルやグッチといった特定のブランドにこだわる趣味はない。あえて言うなら、今一番好きなブランドは「ロロ・ピアーナ」。イタリアの高級テキスタイルブランドだが、今は独自のデザイナーをかかえ、紳士服から女性、子供服まで作っている。カシミヤやビキューナ、ウールなど厚手のスーツ、コートが有名だが、私はこのブランドのコットンシャツも大好きである。襟がピシッと立って、そのラインが美しい。かつて銀幕でみたエリザベス・テーラー風のファッションが再現できる。

ストールやスカーフは、最近は男も女も愛用し、流行が続いているが、当方は半世紀以上も前から、ファッションの最後の仕上げとして常用している。帽子も六十年以上前からずっと被っている。帽子を着こなすのはおしゃれの上級編である。最近になって、流行が私に追いついてきたな、と少々鼻が高い。

気に入ったものはいつまでも大事に着る。私が今でも愛用している麦わら帽子は、実はつばに穴があいている。数年前、風に吹かれて線路に落としたとき、穴があいてしまったのだ。しかし、この帽子はツバのひろさといい、形といい理想通りで、捨てるに忍びなく、今も、ちょっと近くに出かける用事のときに被る。若いスタッフは、「金先生はおしゃれなくせして、穴のあいた帽子を平気で被って外に出かけてゆく」と笑うが、「私が被れば、この穴のあいた帽子も、そういうデザインの帽子なのか、ってみんな思うわよ」と言い返すのである。そう言われるくらいに、自分のセンスというものを確立できていることが理想だ。帽子、スカーフ、そういったお気に入りの小物は繰り返し何度も使う。

若い頃は黒やグレー、茶、白といった地味な色を好んで着たが、年をとってくると、逆に華やかで綺麗な色をまといたくなった。今はグリーンやオレンジやピンク、ラベンダー色が気に入っている。グリーンは私の支持する民進党のシンボルカラーなので、台湾のテレビ番組に出演するときは、心がけて身につけるようにしている。透明感のあるきれいな色は、頭髪が白くなった高齢者にこそ似合う。肩や二の腕を出すデザインも着る。年寄りらしくない、と言われようと、構わず着ることにしている。そういう服は、フェロモンむんむんの年頃の人よりも、意外にシルバー世代のほうが品よく着こなせると思う。

　ファッションで大事なのは、ブランドや衣装が高価かどうかではなく、むしろTPOにふさわしいか、自分の長所を引き立て、欠点をうまく隠せるか。そして何より自分らしさが演出できているか、だ。

　白髪のベリーショートのヘアスタイルは今や金美齢のトレードマークになった。それに帽子をややはすにかぶる。帽子のデザインはごてごてしすぎるものよりは、ややシャープでカッコイイ感じが「毒舌の金さん」のイメージなので、ボルサリーノを愛用している。

　帽子をさっととって、「この白髪が目に入らぬか！」と言って、私は自分の老いを時に武器に使って、わがままを通すこともある。それが楽しい。

　今のヘアスタイルに変わったのは四十五歳のとき。それまではストレートのロングヘアだったが、白髪が目立つようになってきた。まだ早稲田大学の講師をしていたころで、知らぬうちに学生たちから「砂かけババア」とあだ名をつけられていた。水木しげるさんのマンガ『ゲゲゲの鬼太郎』に出てくる妖怪だと知り、娘に「砂かけババアというのはどんな妖怪なの？　強いの？」と尋ねたところ、「ぜんぜん強くない」と言われたので、「じゃあ、おもしろくないわね。切ってしまおう」とばっさり切った。髪を染める気はなかった。パーマも若い頃はかけたが、途中から自然の髪が美しいと思うようになった。もともとシンプルでナチュラルなスタイルが好きなのだ。

髪をカラー剤やパーマ剤でいじめていないせいか、髪質は今もかなりいい。短く切ると、あっという間に白さが増し、あまりに綺麗に白くなったので脱色しているのですか、と聞かれるほどだ。何の手も入れていない。一カ月に一回、お気に入りの美容院に行って、同じスタイルにカットしてもらっているだけだ。

肌も年齢の割にはシワが少ない。街を歩いていると、「佐伯チズさんですか」と声をかけられることがある。テレビによく登場する美肌で知られる美容家の方だ。この方と私のヘアスタイルは少し似ているところがある。髪型と美肌の高齢者という印象で、私が十歳も若い佐伯さんと間違われるのだとしたら、こんな光栄なことはない。

これは若いころからあまり化粧をしてこなかったせいだと思う。厚化粧品で肌を傷めていない。私が本格的に化粧をするようになったのはテレビに出演するようになってからだ。そのときはテレビ局のメークさんが、実に綺麗に化粧をしてくれる。それ以外はこってり化粧をすることはない。肌が乾燥しないようにこまめに肌をシュッとするなど気はつかっているが、エステやしわを伸ばすための整形などまったく興味がなかった。

加齢に伴う白髪も肌のシワ、シミ、たるみも、自分の生きてきた年輪と思えば、隠そうという気にならず、今の私にはむしろ誇りに思えるくらいだ。

アンチ・エイジングという言葉をよく化粧品メーカーや医療関係者が使うが、本来、老いに抵抗するということでもなく老いを隠すということでもないだろう。美しく老い、老いた自分を美しく魅せるよう、無駄に歳をとらなければよい。若く髪も黒々、肌もすべすべの頃はどんな服を着てもそれなりに美しい。老いれば、そうはいかない。シワや白髪が魅力的に見えるようにおしゃれすればよい。若い頃のおしゃれより老いたときのおしゃれのほうがセンスや工夫が必要になってくる。そう考えれば、おしゃれとは歳をとればとるほど楽しく、おしゃれのしがいが出てくるというものだ。

アンチ・エイジングなどと言って「老い」に抵抗するのはやめて、ひたすらビューティフル・エイジングを心がけるほうが自然にかなう「歳の取り方」であろう。

色恋なしの異性の友達を持とう

私は比較的若いころから男と女の駆け引きは嫌いではなかった。むしろ、異性の友人と一緒にいるときの、得も言われぬ緊張感、異性として意識し意識される緊張感は大好きだ。いくつになっても男性から「きれいだね」と言われると、その後一週間くらいはうきうきしている。女同士の友情もいいが、やはりオペラ、観劇は男性のエスコートのほうが様になる。欧米では、同性二人が高級レストランで向き合うのは特別な関係だと思われる。

女性のいわゆる〝フェミニスト〟が男性を敵視し、女性が男性の前で女性らしくすることを批判するのは「饅頭恐い」の歪んだ心理の表れのように見えて仕方がない。

私の場合、周英明とお互い大学院生の時に結ばれたが、周はワルツのステップも踏めない学者肌タイプの、いわば朴念仁《ぼくねんじん》だった。結婚後に、周が友人に「あなたの奥さんになった人はどんな人？」と聞かれたときに、「芸術的なまでに日本語が素晴らしい人だ」と答えたそうで、周は、私の女性としての容姿や装いを褒めてくれたことがない。そういう評価は私に失礼だと思っているフシもあった。あるいは本当に、〝人間の見た目〟には一切興味がない人かもしれない。私は周に何の不満もなかったが、やはり女性としての魅力を賛美される瞬間はいくつになっても欲しい。それが、知的でダンディな殿方ならなおさら楽しい。

周と出会う前から、たくさん〝ボーイ・フレンド〟がいた。その中には結婚後もずっと友情を保ち続けている親友もいる。

日本に留学した目的の一つは、ありとあらゆる舞台芸術を堪能するためだった。東京には、当時の台湾とは比べものにならないほど、たくさんの文化活動があり、ヨーロッパから公演にくる舞台はすべて観る勢いで劇場に通った。あるとき、レニングラードからバレエ団が来日し『白鳥の湖』を上演するというので、さっそくチケットを買った。しかし、学生の身分では一番安い席しか買えない。当然、舞台から一番遠い席で、よく見えないはずだ。そこでクラスメートの誰かからオペラグラスを借りようと思った。クラスを見まわすと、この人なら、絶対オペラグラスを持っているはずだ、と思われる男子学生がいた。

授業で英国人講師が「昨年来日し上演されたシェイクスピア劇を誰か観に行った人はいますか」と尋ねたとき、たった一人手を挙げたのが、その男子学生Mさんだった。それまで一言も言葉を交わしたことのないMさんに、いきなりつかつかと寄っていって、「オペラグラス持っていませんか。持っていたら、貸してほしいんですけれど」と頼んだ。Mさんは少々驚いたようだが、気持ちよくオペラグラスを貸してくれて、やっと口を利くようになった。

その後、オペラやクラシックコンサートにいくと、Mさんとばったり出会うことが続いた。それで、いっそ、今度から一緒に行こうか、ということになり、芸術鑑賞はほぼ必ず二人で行くようになった。音楽会などは一人で行って、その音楽の世界に酔うのもいいが、もし同じレベルの鑑賞能力があり、その素晴らしさが分かち合える人と一緒なら、楽しさも倍増する。Mさんは、オペラ鑑賞のコンパニオンとしては理想的な人だった。

Mさんはなかなかハンサムで、紳士としての教養があり、おしゃれでダンディだった。本当は東京大学を目指していたが、試験に落ちて滑り止めの早稲田大学に来たという。頭が良すぎるせいか、早稲田大学入学が不本意だったせいか、授業はそれほど真面目に受けている様子はなかった。しかし、芸術に対する造詣は深く、文学にしても、舞台芸術にしても、音楽にしても、美術にしても、彼以上の知識と鑑賞眼を持った人とは、今に至るまで出会ったことはない。

周と結婚後も、Mさんと芸術鑑賞に行く〝デート〟は続けていた。周は別に気にするでもなく「いってらっしゃい。楽しんでおいで」と手を振って、送り出してくれる。こういった思い出話を事務所のスタッフなどにすると、「周さんは嫉妬しなかったの？」と驚く。しかし、私は「なんで嫉妬されるの？　男友達とオペラを観に行くことも許さない心の狭い男と結婚した覚えはないわ」「自分の奥さんが他の男性から誘われもしない魅力のない女性だと言われるよりいいでしょう」などと返していた。

もし周が女友達とデートしても私は嫉妬しないだろう。彼は櫻井よしこさんの大ファンだったし、藤原正彦夫人の美子さんとは大の仲良しだった。女房の前で平気で、このお二人を賛美していた。「女を見る目がある」と、私はニコニコして彼の「のろけ話」を聞いていた。私たち夫婦の信頼関係というのは、時代や境遇のせいもあり、普通の夫婦よりもよほど固い絆だったが、そんなことを若い人たちに話しても理解できないだろう。

Mさんとの友情は、卒業後もずっと続いた。家庭料理が食べたくなると、わが家に来て私の手料理を食べた。周とも三人で食卓を囲みながらの会話は、実に充実していた。男二人は何かあるとすぐ隣室の書斎から大きな辞典を出してきた。知識の正確さを求める二人は、私の直観から出るいい加減な発言を、からかっては意気投合していた。

子供たちもなついた。年頃になった息子はデートのために、私に内緒でMさんから車を借りたりしたこともあった。きっと、Mさんのほうが息子の歴代のガール・フレンドの顔を知っているかもしれない。

歳をへて、第三者から見ても〝男女の生臭さ〟が消えてくると、より自然体で異性と付き合えるようになってくる。そういう配偶者以外の異性との友情は、自分をより元気により美しくする妙薬のようなものである。この世には男と女がいる。言いかえれば男と女しかいない。男がいて女がいて幸せなのだ。女ばかりだと退屈だし、男ばかりでは気持が悪い。女がいて男がいて、本当に良かった。

たかがテレビ、されどテレビ

テレビは楽しい。年配の人の中には、好きなテレビ番組を見ることを日常の楽しみにしている方もいるだろう。私の場合は、自分がテレビに出演し、テレビというメディアと付き合ってゆくことが、けっこう楽しい。

「美齢は口から生まれてきた」というのは父が私によく言った言葉だ。とにかく私はよくしゃべる。言語中枢が発達しているというべきか反射神経がいいというべきか、相手の言葉に素早く反応できる。夫の周英明は私のことを「素晴らしく芸術的に日本語を操る」とほめてくれたが、元外国人でこれほど完ぺきな日本語を、しかもこれほど早口で話す人間もそういないはずである。

学生時代の生活と学費を支えたのは通訳のアルバイトだったが、これは当時で日給二千円。ＯＬの給料が八千円の時代だった。学生結婚の生活を支えてくれたのは、この通訳アルバイトである。本格的に訓練すれば、たぶんプロの同時通訳ぐらいにはなれたと思う。しかし、私はやはり人の言葉を通訳するのではなく、自分の言葉で語りたかった。それで聖心女子学院の英語専攻科の講師に転向した。

やがて、テレビに出会った。

私のテレビ・デビューはかなり遅い。五十九歳のときだ。

ＴＢＳに就職した娘が同僚や上司を家に連れてくることがしばしばあった。私は手料理などで歓待し、若い人たちといろんな話をする。それが非常に面白いと、いつのまにか評判になっていたようだ。ある日、娘の上司でもあるプロデューサーが訪ねて来て、ＴＢＳの昼のワイドショー番組「ウォッチャー」にコメンテーターとして出演しないか、と誘った。

娘は反対した。「こんな誇り高い母親がテレビに消耗されるのはがまんならない」。そして私には「テレビは人を消費するところだよ。ママは絶対傷つくよ」と言った。

しかし、自分の言葉を大勢の人に伝える面白さは大学の講師の仕事を通じて実感していた。なによりテレビという未知の世界に好奇心がつのった。出演を決心してからは娘も反対しなくなった。実際、テレビに出演しはじめると、あにはからんや、テレビと言うメディアは私とすごく相性が良かったのだ。

こうして五十九歳にして新人という、異色のテレビコメンテーターが登場した。このとき、業界通のある知人からこう言われた。

「新人がデビューして全国区になるまでは二年はかかる」

テレビのことを全く知らない私は「あら、二年もかかるものかしら」と思った。

「ウォッチャー」の司会は森本毅郎さん。当時、日本全体が左傾化していた。公平そうに見えて、森本さんも無意識に左寄りのコメントをする。私はそんな〝時代の空気〟など読まずに自分の言いたいこと、伝えたいことを言う。あえてＭＣと反対意見も平気でした。

この「ウォッチャー」を見た「ブロードキャスター」のディレクターが「おもしろいばあさんだ」と思ったのか、私を新コメンテーターに使いたいと言ってきた。「ウォッチャー」側は「自分たちが発掘してきた新人なので半年待ってくれ」と言い、その約束どおり、半年後に土曜夜の情報・報道番組「ブロードキャスター」のゲストコメンテーターとなった。

これは二カ月に一度の割合でおよびがかかっていた。この「ブロードキャスター」でも、相変わらずの言いたい放題で、村山富市首相（当時）について、他のゲストが「人柄がいい」とほめると「人がよければ首相になれるんだったら、日本人の大多数は人がいいのだから、全員首相になれますね」と切って返した。また、当時人気絶頂の田中真紀子氏（当時は科学技術庁長官）について、ナレーションが「英語がペラペラですね」と言ったのを受けて、「あれをペラペラというのですか」と本音を漏らしてしまった。おそらくその二回の「失言」のせいだと思うが、以降ぷっつりおよびがかからなくなった。

このとき、なるほど、テレビとはそういうポピュリズムの中にあるのだ、出演者はプラデューサーの胸先三寸で切ったり捨てたりできるのだ、ということは分かった。女性視聴者の八五％が田中真紀子支持のときに、「田中真紀子の人事はミスキャスト」

などというと、番組を降ろされる。プロデューサーの意にそわない発言をするとすぐ降板だ。だが、私は時代の空気や視聴率主義に迎合する気はさらさらなかった。私の目的は、テレビ業界で長く生き残ることではなく、テレビという媒体を使って自分の意見をより多くの人に伝えたいという一点だ。自分の言いたいことをまげてまで、テレビにおもねりたくはない。

しかし、捨てる神あれば、拾う神ありで、このあと「ブロードキャスター」を見ていたテレビ朝日の朝のワイドショー番組「スーパーモーニング」のレギュラーに誘われた。スーパーモーニングをしばらく続けた後のある日、スタジオを出たところで「朝まで生テレビ」のチーフディレクターが待ち構えていた。そこで「朝生」のパネリスト出演依頼を受けた。

新人から全国区になるまで二年はかかるよ、というかつての知人の言葉を思い出した。おカタイ討論番組の「朝生」の出演依頼を受けたのはデビューから二年たっていた。

この「朝生」に出演したことがきっかけとなり、紙媒体からも執筆依頼を受け、全国から講演依頼も受けるようになった。

テレビに出るようになって、人に名前を知られるようになってから、私の生活はがらりと変わった。多くの人が私の名前や顔を知り、私の発言を受け止めてくれる。街中をあるくと、「いつも見ています」「応援していますよ」と声をかけられることが増えた。

もちろん、何度も降板されることもあり、討論番組で集中砲火をあびることもあったが、私はそんなことくらいで傷つきもしなかったし、消耗されたとも思わなかった。テレビの本質とは、センセーショナル（扇情的）、センチメンタル（感情的）、スーパーフィシャル（表層的）。「面白くなければテレビじゃない」というキャッチフレーズがあったが、ようするに「面白ければなんでもいい」「視聴率がとれればなんでもいい」といった部分がある。テレビに出るということは、客寄せパンダになるということだ。

だが、そんなことは最初から覚悟の上。その覚悟で、カメラの前に一時間座り、その間に得られる一秒か二秒で、一言、自分の信念を発信ができれば、万歳と叫びたいくらいだった。その一秒二秒を一体どれだけの人が見て、私の言葉を受け止めてくれるのか。全国の視聴率は一％につき百万人が見ているという計算だという。こんなすごいことはない。

当初、友人から「なんであんな詰まらない番組にでているの？」と言われることもあったが、「あなたたち、分かっていないわね」と私は反論した。「テレビはすごい媒体よ。いろんな媒体の中で一番、いい意味でも悪い意味でも力がある。民主主義の世の中で、かなり自由な報道ができる。その自由があまりに放縦にながれ、ときに人を堕落させるけれど、されどテレビよ」と。

軽佻浮薄《けいちょうふはく》でインパクトのある映像を何度も繰り返して人の脳に、特定のイメージを刷り込むような番組もある。だが視聴者のすべてが、垂れ流されるテレビを鵜呑みにする人たちばかりでもない。チャンスをつかまえて、なんとか私が発した反論を視聴者の何％か、あるいは何割かに届いたかが、たとえば後日の講演会の集客数などで確信できるとき、こんな楽しいことはない。それは圧倒的に強いメディアというものに立ち向かってまんまと一矢報いた、という達成感といえるかもしれない。

テレビは本当に楽しい。

さて、還暦を前にしたテレビ・デビューで業界にもまれたことが、私の後半の人生を一八〇度くらい転換させた。八十三歳の今に至るまで現役で講演講師の仕事を続けていられるのはテレビに出た宣伝効果と、話術が磨けたおかげだろう。おかげで、全国各地をめぐり、色んな人と出会い、私の好奇心を刺激する日々が続いている。テレビには感謝してもしきれない。

ただ、テレビを見ている方々に、テレビに出る側の、業界の裏側を知っている人間から一言付け加えて言いたいのは、テレビは楽しいけれど、やはり、恐ろしい面もある。そのインパクトの強い映像の繰り返し表現の洗礼を浴びているうちに視聴者があまりに受動的になって、自分でものごとの本質を見極めるセンスや知性が退化してしまうのだ。

テレビを見る時、意図的に何かの考えを刷り込もうとするような番組に対しては、その発信する情報の本質などを見極めてやろうとする、メディア・リテラシーというものが求められる。それを分かった上で、テレビの楽しさを味わってほしい。

「飯食いねぇ、食いねぇ」と人をもてなす

テレビ・デビューの機会を得たのは、娘の職場、つまりテレビ局の人たちがしょっちゅう遊びに来たからだが、我が家はもともと、非常にオープンな家で、私たち夫婦、娘、息子の友達がひっきりなしに訪ねてきてはご飯を食べるのが当たり前だった。

これはもともと台湾の家庭の風習かもしれない。台湾では、人がくると、当たり前のように、ご飯を食べてゆく。森の石松ではないが、「食いねぇ、食いねぇ」という調子で、つくりおきのおかず「常備菜」を何種類かあったかいご飯と一緒に出すのだ。すばらしいご馳走を用意するわけでもないから、相手も気軽に、じゃあ一緒に、と箸をとる。そこで「一宿一飯の恩義」ではないが、人の縁が深まる。子供のころの記憶に、台所ではいつも家族じゃない誰かがご飯をたべている風景が、その場に満ちた豚の角煮の五香粉《ごこうふん》の香とともに残っている。

そういう台湾家庭の開放的な伝統を我が家も受け継いでおり、娘や息子はよく友人

を我が家に呼んだ。私は手料理をふるまい、そういう若い人たちと積極的に会話する。そうやって食事をしながら、いろいろ話していると、娘や息子の頭越しに私とその友達が仲良くなって、娘や息子の不在のときでも、遊びに来ることもある。

息子の大学時代の友達に、盛岡出身の男の子がいて、しょっちゅう我が家にご飯を食べに来ていた。彼が息子に言う口癖は「お前のかあちゃんには世話になったが、お前には世話になったことはない」。人付き合いの良い子で、二回、ニューヨーク勤務を経験し、たぶん同期で出世頭であろう。

人をもてなす、というのは、昔からの楽しみである。たまたま外出先で、新幹線や飛行機の席が隣同士で、ちょっと話して意気投合すると「食事は？　お茶でも？　ごちそうするわ」とレストランやカフェに誘ってしまう。「金さんは（あのお年で）ナンパする」と事務所のスタッフに笑われることもあるが、別にターゲットは男性だけではなく、女性も多い。いや、むしろ女性のほうが多いかもしれない。要するに、相手が自分に関心を示し、好意を寄せてくれていることが感じられると、能天気な私は嬉しくなって、その好意に対する誠意を示したくなる。根が台湾人の習いとして、それが「食いねぇ」式のもてなしなのだ。

人の縁が広がりすぎて、ひとりひとりもてなすのが大変になってくると、年に数回、定例の大ホームパーティを開くようになった。新宿御苑にある事務所兼我が家は、この大ホームパーティのために広いリビングをしつらえたほどだ。春になれば御苑の桜が見事に見える。花火の季節は神宮球場の花火大会の様子が見え、紅葉の季節もまたよい風景だ。そういう季節の節目に、縁のある人、縁の深まった人に招待状を出して楽しんでもらう。

食いしんぼうの私は、自分がおいしいと思うとびきりのご馳走を用意し、知り合いの寿司職人に来てもらい臨時の寿司カウンターを作るなどの趣向を凝らす。なんで、そこまで手間暇費用かけて、そんなことをするのか、と問われれば、自分がやはり楽しいのだ。

テレビや講演の仕事は、結局、娘の友達が我が家でわいわいご飯を食べる中で、金さんの話は面白い、という噂が広がったことから始まった。私は「家の門を開かねば、福の神も入って来られない」と常々いっているが、これぞ千客万来の中に福の神が混じっていた例だろう。そうやって人の縁でつながった仕事で得たお金で、また人の縁をつくる場を提供する。今度は私だけでなく、私と関わった人が福の神と出会え、ハッピーとなるような場にしたい。それがパーティを開くということなのだ。

パーティには、私の仕事関係の政治家や編集者、テレビ局関係者、ジャーナリスト、学者といった人たちから、早稲田大学時代のクラスメート、若い台湾人留学生や駆け出しのライターまで多種多様な顔ぶれの人たちが参加する。そこで、出会い、名刺を交《か》わし、それが新しい仕事やプロジェクトにつながることもあった。そういう自分が用意した場で、新しい人間関係が生まれ、みんなが喜ぶのを見るのが楽しい。

歳をとってくると外出が億劫になってくる人も多いかもしれないが、こんな風に家に人を呼び込む習慣を持っていると、老人の出不精《でぶしよう》が孤独を生むこともないだろう。

大ホームパーティは準備も後片付けも大変だが、自分の体力気力にあった小さなもてなしをすればいい。老後を豊かにするのは、一も二もなく人間関係だ。自分に関心を持ってくれた人、好意を持ってくれた人に、とびきりおいしい一杯の茶、とびきりおいしい一膳を勧め、自分の好意を示す、という非常にシンプルなことなのだ。台湾人らしいやり方だといったが、半世紀日本で暮らした私の観察では、日本人にも「飯くいねえ」式の縁の深め方は極めて効果的である。

若い人たちの支援をするのが高齢者の務め

自分の中で禁句にしていることがある。「最近の若い者は…」式の愚痴と文句である。もともと大学の非常勤講師という仕事をしていたせいか、息子のような年ごろの若い人たちと付き合うのは好きだし慣れている。歳をとればとるほど、「若い人たちにエールを送る」高齢者の務めということを意識しだした。特に日本や台湾を背負っていく若者の教育や支援は私の最後の仕事だと考えている。

一九八八年にＪＥＴ日本語学校の創設を手伝ってもらえないか、という話がきたとき、私は「もし、本気で若者の語学教育に取り組むための学校にするなら、協力したい」と創設メンバーに加わった。聖心女子学院の講師時代、早稲田大学の講師時代に知り合った教え子で卒業以降も連絡を取り合っていた人たちにも声をかけ、初期の語学教師、スタッフの陣営を整え、校長としてその運営の最終責任を受け持つことになった。二〇〇〇年に校長を辞めたあとも、理事長として経営責任を負っている。

必ずしも金銭的に報われる仕事ではないが、台湾からの若者を迎え、日台交流を背負う人間に育てあげたいという夢を実現する一つの場になっている。

この学校の在学生や卒業生の中で、見どころのある若者は、私もできる限りのエールを送ってきた。アルバイトを世話することもあれば、人生相談に乗ることもある。就職の支援なども行う。最近も、若い台湾人男子学生が、最近の円高のあおりで、学費が続くかどうかわからないので、帰国を考えている、と打ち明けられた。非常に優秀で誠実な学生で、このまま勉強を続ければ日本と台湾にとって有益な人材になることは間違いないと思い、とにかく、勉強を続けるように説得した。どうしても学費のやりくりがつかなくなったときは、何らかの形で支援することも考えている。

「美齢塾」という人生最後の仕上げの仕事

もうひとつ、最近力を入れ始めたのは、日本の考える若者を育てる、ということ。二〇一〇年秋から、三年限定で二十歳から四十歳という年齢制限をもうけて、「美齢塾」という若者のための「勉強会」を始めた。

美齢塾を始めるきっかけは、昨年、民主党が政権をとってからにわかに現実味を帯びてきた「在日外国人の地方参政権」を考える番組に出演したのがきっかけだ。反対派として私が、賛成派として在日韓国人の学者が出演。番組中、民主党入党にも代表選にも国籍条項がないという話が出たが、これを問題視する人は私以外、ほとんどいなかった。民主党が政権をとったならば、民主党代表選は日本の首相を決める大事な選挙だ。中国人や韓国人が大量に民主党に入党し、日本の首相選びのキャスティングボートを握る可能性があるということへの危機感のなさにショックを覚えた。在日外国人の地方参政権の問題も、大勢が参政権を与えてはどうかという論調にながれ、編集されてできた番組は反対派の私の意見は少ししか取り上げられていなかった。

後日、その番組の若い女性ディレクターから手紙をいただいた。手紙では、番組のために取材して歩くと、きちんとこの事を考えている人は外国人参政権問題に反対するが、何も考えていない人は賛成だと答えている、という実感などが書かれていた。

この一言が私の背中を押した。

喜寿を前に、新しいことを始めるのは正直、億劫な面もあった。すでに講演会で全国を駆け回る状況で相当忙しいのに、こういう時間がどれほどとれるのか。

しかし、日本国籍を取得した後、政権が変わり、アマチュアの政治家集団である民主党の日本の舵取りのおぼつかなさを見て不安が募った。民主党候補に投票した有権者たちは、いったいどれほど深くものを考えていたのだろうか。あの小沢チルドレンたちに投票したことが、日本の政治にどれだけ深刻な悪影響をあたえたかを分かっているのだろうか。ものを考える若者を育てなければ、日本はダメになる。せっかく日本国籍を取得したのだ、人生最後の仕上げの仕事は本当に日本の将来に寄与するものにしたい。

美齢塾を立ち上げるにあたって、次の指針を決めた。テーマは大きくわけて二つ。「この国のかたち」と「いかに生きるか」だ。塾生にはメールマガジンを通じて、おりおりの時事問題、社会問題について私の考えや見方を発表する。不定期だができるだけ、顔を合わせる形でのディスカッションを行う。その会合の場所設定や下準備も塾生が基本的に行う。塾生は全国各地に散らばっているので、自分の住む地域で会合を開くときは、地元の塾生が責任をもって準備する。

私は講演会では一方的に話したあとで質疑応答をするのだが、美齢塾では塾生の意見発表を中心にする。日本人は議論が苦手だと言われるが、国際社会では自分の意見を誤解なく相手に伝えるスキルも必要だ。そういうスキルを磨く場にもなればいい。

会費は年間一万円を戴くが、これはいい加減な気持ちの入塾を排除するための踏み絵みたいなものだ。一万円を払っても、勉強したい、という気持ちを試させていただく。

しかし、あくまで楽しく、和気あいあいとしたムードを大切にしたい。会合後にみんなで会食するのは、食いしん坊の私としては絶対必須条件だ。塾生からいただいた会費は、会食費の補てんに利用する。たぶん、全体の経費としては金美齢事務所の持ち出しになるだろうが、日本の未来を背負う若者の育成ための投資としては、安いものだろう。

若者に限らず、最近の日本人は「政治が悪い」「社会が悪い」、「政治がしてくれない」

「社会がしてくれない」といった責任転嫁や、ないものねだりが多い気がする。それは政府をつくる有権者の責任、社会を構成する国民の意志の問題なのだ。一国の政府は、国民のレベルに見合うものしかできないと言われるが全く同意見だ。結局、国民が国民としての意識や責任感を持つことは、いまや学校で教えてくれるものではなく、また誰からか頭ごなしに教え込まれるものでもなく、自分で勉強し考えていかなくては身につかないのだ。

若者たちが、新しい人間関係を築き、お互い切磋琢磨し、刺激し合い、エール交換しながら、ものを考える人間に成長する。美齢塾はそういう「場」を提供したい。少なくとも三年、八十歳になるまでは頑張ってみよう、と考え実行したのだ。

若い人たちが切磋琢磨する場に一緒にいることで、新しい発見や刺激をもらい、自分の年齢をしばし忘れ、若やいだ気持ちになれるのが、私にとって一番のメリットだった。

ある印象深い塾生の話をしよう。

大阪市出身の塾生Y君は、関西の名門国立大学を卒業後、しばらくひきこもり生活をしていた。たまたま月刊誌『正論』に寄稿した「私は、なぜ日本国民となったのか」という文章を読んで、背中を押された気持ちになりひきこもりを卒業、地方公務員試験受験をめざして勉強を始めたのだという。美齢塾を知るや、すぐに入塾。「世代間の問題」というテーマで自分なりの考えを文章にしてメールをくれた。彼はその後、地元の公務員試験に合格し、二〇一一年四月から働いている。

自分の書いたものが、ある若者の人生にこんな風に影響を与えていたことに、驚き、うれしく思った。

准レギュラー出演している読売テレビの番組「たかじんのそこまで言って委員会」収録のための大阪出張のときに、彼をホテル・リッツカールトンの朝食にさそい、「ひきこもり生活」のことなど、立ち入ったことまでいろいろ聞いた。

ひきこもり生活の間、彼はずっと「ゲームをやっていた」ということで、ゲームのことを教えてもらったのだが、それは私の全く知らない世界。今の若者がやっているゲームが、それほど精巧で面白いものだとは知らず、新しい情報に目を丸くするばかりだった。同時に、それほどリアルなゲーム世界があれば、現実世界にまったく触れずにいても、さほど苦にならないという感覚も分かった。

私は私で、台湾の話、美食の話などをしてから「〝台湾の食と歴史〟の本を書きたいのよ」というと、彼はふと「金先生はオペラがお好きだと聞いていますが、オペラの手引き書みたいな本は書かないのですか」と尋ねた。

彼はオペラを観たことがないのだが、観てみたいのだ、という。だが初心者なので初心者でもわかる手引書がほしい、という。

私は内心、少し感動していた。ゲームのバーチャル世界に長らく沈没していた彼が、現実世界に浮上したとき真っ先に興味をもって体験したいというのがオペラという音楽芸術だったということに。いくら精巧にできたゲームの世界でも、現実の悠久の歴史と文化が作り上げた最高峰の芸術には比ぶべくもない。彼の感性がようやく目覚め始め、とびきりの芸術に出会った時、どういった衝撃をうけるのだろうか。興味が沸いた。

思わず「じゃあ、一緒にニューヨークのメトロポリタン歌劇場にオペラを観に行く？」と提案すると、「行く」と答えるではないか。そこで、毎月の給料から旅行費用を積み立て具体的に「オペラを観に行く旅」実現のためのプランをアドバイスした。早ければ二〇一二年のゴールデンウィークには一緒にニューヨークへオペラを観に行こうと約束をしたのだった。もちろん、二人きりではない。他の塾生の参加希望者も募る。

私より五十歳若い彼と二人きりでニューヨーク旅行などして「金美齢に若いツバメができた！」と週刊誌に書かれるのも面白いかもしれない、とちらりと考えたが。

彼は「人生を満喫したい」と最後に言った。

良い言葉だ。ひきこもりでバーチャル世界に生きていた若者から、そんな言葉を引き出したのが、私の原稿との出会いであったというなら、こんな嬉しいことはない。「人生を満喫する」ということは「いかに生きるか」を真剣に考えること。それこそ、美齢塾で学んでほしいことだ。

現実の生活はゲームと違い、壁にぶつかり、嫌なことから逃げられないことがある。だが、その合間にある、芸術と触れあう、恋をする、おいしいものを食べる、そんな〝楽しみ〟が前にあれば、乗り越えることができる。「人生を満喫する」というのはそれら全部を経験することなのだ。と、言葉でいえば陳腐だが、そういうことを経験の重みをもって若者に伝えていくのは年寄りの役目であり、またとない楽しみである。

彼は「美齢塾 in 台北」や東京での会合にも参加している。塾生を招いた「桜を見る会」やアメリカ留学に出かける塾生の壮行会なども金美齢事務所で行った。

「ありがとう台湾オリジナルTシャツ」

日台交流に尽力することは私の使命だと考えてきたし、周囲からもそういう期待を寄せられている。二〇一一年三月十一日に東日本を大震災と津波が襲ったあと、台湾から寄せられた義援金は累計二百億円を越え、他国の群を抜いて多く、日本のメディアでも何度か取り上げられた。この義援金の多さの背景に、日本と台湾の歴史的な絆の深さがあることは言うまでもない。

しかし、若い人の多くは、それをあまり知らない。ひょっとすると、日本のアニメや文化が台湾ではやっているせいだと思う人も、台湾地震のときの日本への国際救援の素早さ手厚さへの感謝の気持ちだと思う人もいるかもしれない。そういう部分も当然あるだろうが、やはり日本の台湾統治時代の半世紀に渡る日台の絆が今に至るまで脈々と続いているということなのだ。「化外の島」を文明国に育てあげたのは日本であり、それを奪い尽したのは国民党であり、今台湾をのみ込もうとしているのが中国共産党である。

この台湾人のあふれるような日本への共感や同情に、私の周囲の日本人は誰もが感動していた。しかし日本政府というと中国との外交を優先し、中国に気を使うあまり、台湾に対しずっと冷たい態度を取ってきた。東日本大震災後、台湾は真っ先に救援隊の被災地派遣の準備を打診してきたのに、結局、「政治的配慮」とやらで中国の救援隊を受け入れるまで、待機させられた。日本政府は義援金や支援を寄せてくれた各国の主要紙には感謝広告を出しているのに、台湾紙には、あえて出さない。

日本のメディアもひどいもので、たとえば京都新聞（四月二十四日付）の震災特集記事は、「東日本大震災　世界から『がんばれ』　たくさんの国が応援してくれているよ」という見出しとともに、世界地図と日本の被災地に向けて支援を送ってくれた国の名前と支援内容を紹介しているのだが、世界で一番高額の義援金を送ってくれた台湾の名前はない。それどころか、記事の図解に使われている世界地図には台湾を描いてなかった。

多くの日本人がこの日本政府やメディアの不実に怒り、また台湾の人々に感謝の気持ちが伝えられないもどかしさを抱えていた。

「日本人がどれほど感謝しているかぜひ台湾に伝えてほしい」。そういう声が私のもとに続々と届いていた。

そこでレギュラー出演しているテレビ番組「たかじんのそこまで言って委員会」で、「台湾に感謝の気持ちを表すなら、ぜひ台湾に旅行にいってください」と呼びかけた。

私自身もゴールデンウィークに台湾へ旅行に行き、台湾のテレビに出演して、巨額の義援金に対する感謝を伝え、同時に「日本を応援してくれるなら、ぜひ日本に観光に来て、日本を元気づけてほしい」と訴えた。

このゴールデンウィークの台北滞在中、うれしいことが二つあった。一つは、テレビで台湾に観光旅行に来てほしいという私の呼びかけを受けて、台北に旅行に来たという日本人に空港や通りでばったり出会ったこと。それが一人や二人ではなかった。「金さんのテレビの呼びかけを聞いて、急遽、ゴールデンウィークの旅行先を台湾にしました」と言う一人旅の男性会社員には、「一人旅だと、台湾では本格的な料理はなかなか食べられないでしょう。北京ダックを一緒にたべませんか」とまたしても、ナンパするように食事に誘ってしまった。それほど、多くの人がこの非常時に、台湾に義援金の感謝を示すために来てくれたことに感激したのだ。

もうひとつは五月三日、台湾聯合報と自由時報の二紙に、日本の有志による感謝広告「ありがとう台湾」が掲載されていたこと。

これは若い日本人女性デザイナーが計画し、「ツイッター」で有志をつのり、六千人から集まった二千万円近い募金で実行した感謝広告だった。この話は以前から聞いていたが、掲載日が私の台北滞在中と重なり、感謝広告紙面の実物をこの目で見ることが出来たのはうれしかった。有志からの募金は広告実費を賄ったあと、残りを東日本大震災被災地復興のための義援金として送ったという。多くの若者が台湾への感謝の気持ちをこれほど強くもち、アクションを起こしてくれたことは素晴らしいことだった。

ただ、この感謝広告には日本の国花の桜の花と、中華民国の花の梅の花のデザインがあしらってあった。梅の花は、蔣介石が国民党の花として決めたもので、私たちの世代の台湾人にとっては宿敵の花である。台湾への感謝はいつのまにか、中華民国への感謝にすりかわってしまったのだ。日本の若い人は、おそらく台湾と中華民国の複雑な歴史は知らず、その区別はついていないのだろう。しかし、この義援金に託された台湾人の日本への思いが、中華民国に台湾を踏みにじられる前の日本統治時代の遺産であることを思えば、これは少々口惜しいことだった。日本人の有志一同は、心からの善意、心からの台湾への感謝の気持ちからお金を出し合い行動したのであって、とやかく言うべきではないとは分かっていても、すっきりしない気持だった。

私としては、やはり中華民国ではなく台湾に感謝を伝えたい。そこで、ふと思いついたのが、「ありがとう台湾」と書いたTシャツを着て、台湾を歩く、ということだった。

五月二十二日に大阪で開かれた「美齢塾」会合で、このアイデアを言うと、みんな賛同してくれた。ちょうどゴールデンウィークに台湾旅行に行った塾生が白いTシャツに手書きで「ありがとう台湾」と書いて台北の街を歩いた、という体験を話してくれた。「字が大きすぎてちょっと恥ずかしかった」という感想を聞きながら、着て街を歩いても恥ずかしいどころか、おしゃれで、かつ台湾への感謝が一目でわかるデザインというものが頭に浮かんだ。

思いついたらいてもたってもいられなくて、即日、手づくりTシャツの業者に連絡をいれたのである。

金美齢、初のTシャツ・プロデュースである。デザインセンスはきっとあるはずだ。なぜなら私の父方の親戚にも母方の親戚にも、台湾を代表する画家を輩出している。

基本色は白とグリーン。グリーンは民進党のシンボルカラーであり、台湾の独立運動の色といってもいい。私の最も好きな色。そこに野百合の花を散らすデザインを考えた。

なぜ野百合なのか。この野百合は台湾百合とも高砂百合ともよばれる台湾原産の花で、鉄砲百合に似ているが、葉がやや細く、球根ではなく種が散って増える。結構繁殖力が旺盛だ。この野百合は一九九〇年以来、台湾の民主化と自由の象徴だった。

一九九〇年三月十六日から二十二日まで、各地から約六千人の学生たちが集まり、台北の中正記念堂前で座り込みの抗議活動を行った。広場には巨大な野百合のトーテムが掲げられ、この運動は「野百合学生運動」と呼ばれた。

彼らは「国民大会解散」、「臨時条款廃止」、「国是会議開催」、「政治経済改革のタイムテーブル提出」を訴えた。当時総統であった李登輝は学生側に共感し、間もなく国是会議を開催。一九九一年には臨時条款を解除、その後「万年国会」の改革に着手した。戦後の台湾でおきた最大規模の学生運動であり、台湾の民主化の重要な転換点と記憶されている。

野に咲く可憐で生命力旺盛なこの百合こそ、今の台湾の自由と民主を勝ち取った花であり、梅よりよほど台湾を象徴する花だと多くの台湾人は考える。私が好きな郷土画家、何文紀氏の水彩画で野百合の絵があり、それをもとに図案化した。

その野百合の図案を"I LOVE TAIWAN"の文字の上に散らせるデザインを背中に置き、左右そでのところには日の丸と地球の上に台湾の島影が浮かんだマークを入れた。これは台湾安保協会のデザインだ。右胸に小さく「多謝」「ありがとう」の文字。「ありがとう」の文字は大きすぎると、恥ずかしい、という塾生の意見を取り入れ、やわらかい字体で奥ゆかしくいれた。白地にグリーンの文字、グリーン地に白の文字の二種類を用意した。

あくまでメードインジャパンにこだわった。最近のTシャツは中国製のものばかりだが、なんとか日本製を探しだした。結果、価格はちょっと高くなり、白地は三千円、グリーンは染料代が余分にかかった分を上乗せし三千五百円と設定した。S・M・L・LLの四種類のサイズあわせて千枚つくり、塾生だけでなく、インターネットのサイトで、台湾に行くときにはぜひ着てほしい、と広く呼び掛けて販売してみたところ、一カ月でほぼ売りつくした。

二〇一一年九月二十八日、このTシャツを買ってくれた人や塾生らで台北に集合できた人たちを引きつれて、李登輝・元総統を淡水の事務所に表敬訪問した。お揃いの「ありがとう台湾Tシャツ」を着て日台交流のシンボル的存在である李登輝さんに、台湾の人々が寄せてくれた莫大な義援金に日本人がどれほど感謝しているか直接伝えることで、台湾の人々に日本人の気持ちを広くアピールできると考えたのだ。

李登輝さんはその頃、体調があまりよくなく、病院で安静にするよう医師に言われていたため、会見のアポイントメントは十月末までキャンセルすることを公言していたが、「金美齢には会いたい」と言って、金美齢率いる「感謝台湾訪問団」の表敬を特別に受け入れてくださった。しかも美齢塾の若者を中心とした参加者五十余名のために「台湾と日本の歴史と今後の関係」をテーマに、一時間に及ぶ講演をして下さり、若者たちにとっては一生の宝になる経験となった。

李登輝さんへの表敬訪問の前に、台湾を代表する新聞・自由時報本社を訪れ呉阿明会長に表敬し、そのことが新聞記事になったことも、普通の日本人にはない体験だったろう。翌日には、その新聞を見ながら、台湾市内で一番おいしい鶏料理の店で、参加者全員でプロジェクトの宴会をしたのは言うまでもない。もちろん、この宴会費用は金美齢事務所のおごりである。このとき、司馬遼太郎さんの著書「台湾紀行」で老台北として登場した蔡焜燦《さいこんさん》さんも老舗のパイナップルケーキを参加人数分の六十箱用意して駆けつけてくれた。孫のような若者たちに「国難の　地震（なゐ）と津波に　襲

はるる　祖国護れと　若人励ます」と東日本大震災を受けての自作の短歌を詠み、「金先生と私の間には合言葉があります。〝お国のために〟。知日、親日、それをこえて私は愛日です」と、日本への熱いメッセージを送ってくれた。

日台交流活動の延長で思いついたこの「ありがとう台湾オリジナルTシャツ」は予想以上に好評で、自分自身も図案のデザインやネット販売というのは初めての経験で、思いがけずわくわくと楽しかった。しかも最後には、台湾の新聞に記事として取り上げられ、李登輝さんから特別講演をしていただけるサプライズな「ご褒美」までいただけた。自分の仕掛けたプロジェクトがここまで成果を上げた。考えてもみなかったが、ひょっとすると、このTシャツ、金美齢ブランドとしてロングセラーになるかもしれない。

真夏の夜の夢

人生にはいくつになっても夢が必要である。

私にもいくつか、見果てぬ夢がある。

二〇一一年八月九日、避暑を兼ねた原稿執筆のために訪れた軽井沢駅の入り口に、十三日、十四日と大賀ホールで大賀典雄さんの追悼演奏会が開かれる旨のポスターが貼ってあった。

大賀ホールは、ソニーの取締役社長だった大賀さんが、退職金十六億円をすべて投じて建てたホールということで、音楽好きなら知らない人はいない。東京芸術大学、ベルリン国立芸術大学を卒業した異色の経営者としても高い評価を得ており、実業の傍らクラシック音楽を愛し、カラヤンら音楽家とも交流を続け、後年は自らタクトを振り、各国の著名楽団と競演するほど音楽に造詣の深い人物だ。病気療養で滞在した軽井沢を愛し、音楽を愛するあまり、軽井沢最初の本格的な音楽ホールを自分で建ててしまった。

平成十七年（二〇〇五年）にグランドオープンしているが、私は一度も行ったことがなく、一度、ここでのコンサートに行ってみたいと思っていたところ、タイミングよく追悼演奏会に遭遇した。ホテルに到着するやいなや、すぐに十三日夜のチケットを手配した。演目はベートーベンのシンフォニー第九番。

　年末、サントリーホールの第九は必ず聴きに行く。それは亡くなった夫、周英明が私と一緒に行くほぼ唯一の音楽会だった。夫婦の冬の年中行事のようなものだった。

　夫が亡くなったあとも、年末の「第九」通いは続けているが、合唱でバス・バリトンの第一声が放たれるたびに、胸がキュンとなる。その真冬の思い出の第九をこの真夏の季節に聴けるなんて、まるで「真夏の夜の夢」のようだ。

　当日、うきうきしてホールに行った。ホールは周囲の自然に溶け込むように建ち、傍らには池があり蓮の花が美しく咲いている。ホールは正五角形という変わった形をしていた。これは音がホールのどこに座っても均一に響くための設計だとか。お金のない若者も上質の音楽が楽しめるよう、安い立ち見席があり、第九を演奏することを想定して、合唱隊席まできちんと造りこまれている。大賀さんがどれだけ音楽を愛しこだわったかが否が応でも伝わる。

　指揮はダニエル・ハーディング、演奏は東京フィルハーモニーという素晴らしいコンサートだった。客席は大賀さんとゆかりがありそうな関係者や避暑にきた別荘族のほか、この演奏会のためだけにわざわざ長野新幹線に乗って軽井沢までやってきた日帰りの音楽ファンらで九割以上がうまっていた。開演前、関係者だけで追悼会が行われていたのが、ちらりと見えた。一般客向けに献花台もあり、私も同じ音楽を愛する者として大賀さんに敬意を表し、白いバラを献花した。

コンサートの帰り、タクシーの中で音楽の余韻に酔いしれながら、ぼんやりと考えた。自分が愛してやまない音楽のために私財をなげうって、それを後の世の人々のためにホールという形に残す。そして、豊かな音楽文化を発信する拠点とする。大賀さんは、なんて見事なお金の使い方をした人だろう、と。日本人はスケールの大きな人が少ないというけれど、こういう人もいるのだ。

さて私が、もしそのくらいの自由なお金があれば、どうするだろう。

こういう見事なお金の使い方を私にできるだろうか。

私の夢は、かつて台湾独立だった。しかし、それは私の目の黒いうちに見届けることは不可能だ。

その次の夢が実は「金美齢奨学基金」の創設なのだ。日本語学校を経営していることもあり、これは一度、本気でプランを練ったことがある。しかし低金利時代の今、継続的な奨学金制度を私ごときのレベルで創設するのは無理だとあきらめた。

万が一、私の書いた本が何百万部もの大ベストセラーになったなら？　何億円もの宝くじが当たったら？

いやいや、そんな非現実的な話をしても仕方がない。大人が見る夢は、もう少し手の届きそうなものでないと。そもそも宝くじなどめったに買わないのに。

せいぜい、単発で優秀な台湾人の若者に留学補助金を出すぐらいが関の山だ。今の私にできることは、美齢塾を発展させて、自分でモノを考える若い人たちをより多く育て応援していくことだろう。そして、日本と台湾のために、若い人たちと一緒になって自分も楽しみながら残りの人生の時間を大切に使って行く。

大賀さんに比べてずいぶんささやかだが、私はそんな真夏の夜の夢を見ている。

❖おわりに❖ 自立した品格のある老後を送るために

「はじめに」でも記したように、二〇一七年の夏、私はロシアを旅した。エルミタージュ美術館を訪ねた見聞は、そこに記したとおりだが、そのほか、バレエ（白鳥の湖）鑑賞なども愉しんだ。しかし、前の席に座っていた韓国人女性がやたらと動き、最悪の環境だった。最近、海外のどこに出かけても目につくのは中国・韓国の観光客。それに原油安云々といいながらもオイル・マネーでなんだかんだと潤っている国々の方々。日本人を見かけることが減ってきた。日本の若者も引きこもりなのか見かけることが少ない。「失われた十年」、いや「失われた二十年」とやらのデフレ不況の後遺症がまだ引きずっているのだろうか。

そのころ、「節約節約」で育った若者が、「消費とはなんぞや」を体験することなく、

「アベノミクス」の効果で、景気がそこそこ回復し、大学生（高校生）の就職率も改善されてきた今も、サイフのヒモを閉じたままのようである。

先日も岡山の友人と電話で話し合った時、「景気がよくなってきていることは誰も言わない」と嘆いていた。景気とは「気」。皆で盛り上げるのが必要なのだ。幸い、二〇一七年十月の総選挙では安倍晋三首相率いる自民党が大勝。選挙期間中、山口に行き、昭恵夫人と共に「アベ政治を続けさせよう」と熱演して回った甲斐があったと喜んでいる。

ともあれ、スマホもネットもない、娯楽文化といえば映画と小説の世界にしか無かった時代が、私の青春時代だった。ひたすら文化的な匂いを求めていたが、台湾でそれを求めるのは無い物ねだりだった。

本書でも詳しく触れたように、蔣介石国民党の一党独裁の恐怖政治の下、アメリカのサブカルチャー以外は御法度だった。特に日本にノスタルジーを秘めている台湾人に対しては、警戒心が強く、日本の雑誌、書籍は輸入禁止だった。

戦後、最初の日本映画が上映されたのは「暁の脱走」だった。待ちに待った「青い山脈」は、なぜか台北ではなく、基隆からロードショーが始まった。当時、台湾から基隆まではバスで一時間余りかかったが、それでもボーイ・フレンドと二人で出かけたものだった。

スクリーンに映し出される「民主主義」を謳歌する日本の若者たちの姿に溜め息が出た。その思い出を、かつて深田祐介さんに語ったら、彼は「あんなのはフェイクの民主主義だよ」と一刀両断していた。悪しき「戦後民主主義」礼賛の映画と思っていたのだろう。だが、台湾にいた私にとっては、当時は少なくとも「青い山脈」は憧れだった。一九五〇年代が始まって間もないころだった。

その後、日本への留学を志し、羽田空港に降り立ったのが一九五九年三月十八日。片道の航空運賃が月給三カ月分だったと記憶している。一ドル三百六十円の時代。闇のマーケットでは四百円。外貨を手に入れるのは大変で、観光目的のパスポートなどは発行されなかった。畳一畳が千円。最初は知り合いの三畳間に居候した。夢見たきらびやかな東京……。しかし、貧乏留学生の日常は実に平々凡々で貧しく、その格差を埋めるのは永遠に不可能のように思えた。でも、それから半世紀以上の年月が経過…。日本は経済大国となり、台湾も民主国家となった。韓国もなんだかんだといっても民主国家だ。経済的地位も向上した。中国と北朝鮮だけは未だに「一党独裁」国家。政治的には明らかに「後進国」だ。国内に於ける経済的格差も、かつての日本や台湾の比ではあるまい。

どんな老後を迎えるかは、どう生きてきたかの結果だ

ともあれ、一九五九年に留学した時、二十五歳だった、夢見る乙女は、二〇一七年の今傘寿《さんじゅ》を越えた八十三歳の老女となった。だが、『九十歳。何がめでたい』を書いた佐藤愛子さんは九十三歳というから、上にはまだ上がいる。まだまだ人生これからなのだが、私は今、いかに自立した老人として品格ある最期を迎えるかを考えている。今、高齢者に求められている姿勢は「自立」と「品格」の二つのキーワードに集約されてい

る。

二〇一一年八月十七日付産経新聞に「年金へ過度の期待禁物」という記事が載っていた。それによると、二〇一〇年の日本人平均寿命は女性八十六・三九歳。二十六年連続で世界一位。男性は七十九・六四歳で世界四位。昭和二十二年と比較するとこの六十余年で約三十歳伸びたという。社会が豊かになり医療の進歩の結果もたらされた長寿だが、それを素直に喜べない状況がある。同時進行する非婚化、少子化によって、老後の保障として頼りにするべき年金制度も破たんが心配され、頼る家族、親族のいない高齢者が増える。

ではどうすればいいか。年金はすべてを保証する制度とはなりえないと覚悟せよ。高齢者とて自立自助を基本としないと老後を守れない。働く意志がある人間が年齢に関係なく働ける社会を構築し、個々人に職能を高めるための努力が不可欠となる。お金をあまりかけずに生きがいを見いだすことも大事だ。しっかりとした人生設計を描いて準備しておくことが求められている、と記事は締めくくっている。

私が常日頃から考えていることと、全く同じだと思いながら読んだ。

老後というのは突然くるものではない。人生を一枚一枚薄い紙を重ねるように積み重ねた結果を老後と呼ぶだけである。いわば「人生の総決算」、いかに生きたか、という問いかけの答えが老後のありように現れる。どのような老後を迎えるかは、どのように生きてきたかという結果だと受け止めるべきだと思う。厳しい言い方をすれば、「老後の貧困も孤独も、自ら歩んだ道程の終着点」なのだ。

すばらしい老後が約束される絶対安心な特別な方法があるわけはない。もちろん、世の中には素晴らしい才能に恵まれた大スター、一挙手一投足が注目される天才が存在する。たとえば野球のイチロー選手は、おそらくは幾つになっても日本の宝として尊敬を受け、これまで築いた富と名声は死の直前どころか死後も営々と受け継がれ、歴史にその名を残す人物になり、伝説になるのだろう。しかし、彼が生まれついた才能に加えて積み重ねてきた努力、研鑽《けんさん》、忍耐が人並み優れたものであることも間違いない。そういう人並みはずれた努力が継続できるのも才能である。イチロー選手が守備の合間に、常にストレッチを繰り返して自己鍛錬している光景は感動的ですらある。彼らのような選ばれし人たちの努力を見習え、というのではない。大多数の人間は普通の人間である。私は普通の人間がどう自分の人生を組み立ててゆくかを考えるのが大切だと思う。普通の人が、人生の節目、節目で、何をどう選んで、どう生きていくかによって、十年、二十年、三十年と経ったときに、その到達点が大きく違っていることがある。

がんばってもどうにもならないことはもちろんある。困っている人を社会で支えることも重要だ。しかし、世の中には努力も研鑽もせず忍耐もなく、安易に弱者の道を選ぶ人も多く見える。自分を社会的弱者だと思い込んでいる人は、一度、本当に実直に生きたのかどうかを振り返ってみるべきだろう。もし、怠惰な暮らしをして、その結果に陥った貧困や孤独であるなら、せめて、それを政治や社会の責任に転嫁するのをやめるべきだ。自分の人生の責任は自分で持つ。残される者に恨みや憂いや負担を残すことなく、人生の最期を迎える。これが自立した老人の品格ある生き方ではないか。

美しく齢《とし》を重ねるということ

数年前、大阪・高槻市の某ホテルで講演会を行ったとき、控室に桔梗《ききょう》と縞《しま》がやの花束が花瓶に生けてあった。縞がやにうずもれるように、ピンクの封筒の手紙が添えてあった。差出人は名字だけ、住所もない。

手紙には、いつもテレビの番組で私を見て、応援しているという旨が書いてあった。そして、こんなエピソードが添えられていた。

「夏になればずっと昔から私の心を明るくしてくれる草花があるのです。昔々保育師をしていた時、夕方こどもたちと『さよなら』と別れの挨拶をかわし、帰り際、一人の子供が、『先生、今日はあまり笑わなかったね』と心配そうな顔をしていました。胸がドキンとしたのを覚えています。その帰宅後、高熱が続き、四、五日、夏バテのため、職場に穴をあけてしまいました。

やっと回復し職場に出勤すると、美しい紫の濃淡の桔梗の花と縞がやの葉が机の上に飾ってあり、『病気回復のお祝いです。庭に咲いたものを持ってきました』と保護者の方の心遣いでした。

思わず子供たちの前で、涙が頰をつたわり、子供たちに初めて見せた涙でした」

その思い出の花を私に届けたくて、花屋でアレンジしてもらったという。

そして、私にも会わず、ただ手紙だけ添えた花束を主催者に預けたのである。手紙に名字だけで名前も住所も書かなかったのは、私の負担にならないようにという配慮だろう。その奥ゆかしさと心遣いの細やかさ、手紙の美しい文字と文章を読めば、年配の品のある老婦人の姿が想像できた。おそらく、この方は保育師として一生懸命働き、子供たちからも親からも信頼を寄せられていたのだろう。実直で誠実な生き方が垣間見えた。きっと、美しく齢を重ね、凛《りん》としたたたずまいの方だろう。

美しく齢を重ねるということは決して困難なことでも、特別なことでもない。イチローでなくともできること。ただ、人との出会いを喜び、怒りを活力に変えて、哀しみを糧に、暮らしの中でささやかな楽しみを見つける。そして自分の行く道をぶれずに前へ前へと進む中で重ねる普通の努力、普通の勤勉さ、普通の忍耐、普通の誠実さが、人を少しずつ磨き鍛え、老いてもなお、人が美しいと感じる気品が備わるのだと思う。

恥ずかしながら、私もまずまず、それが出来たと思っている。こんなことは誰でもできるし、いくつになってもできる。あなたにもできる。

まだ、数年は現役で働く

人はいずれ死ぬ。

年をとるにつれて、〝そのとき〟のことを考えるようになる。

しかし、いかに自分の人生の幕を引くか、こればっかりは自分では決められない。

独居老人だから、孤独死するかも分からない。怖くないといえば、うそになるが、今の世の中では、それはかなり必然的なことで、そんなに大騒ぎすることでもないだろう。問題は孤独死して白骨化するまで、捨てておかれるかどうかで、少なくともそれを避ける努力はしておくべきだろう。

最近になって、理想的な死に方とはどんなものだろうかと、想像する。人生の後半、講演を職業としてきた者としては、満場の聴衆の前で「ご静聴ありがとうございました」と、頭を深々とさげてぱたっと逝く…。そういう「役者が板の上で死ぬ」ような最期が、本望といえば本望だ。現実的に言えば、それは主催者にも大変な迷惑がかかるし、聴衆もショックを受けるだろう。冠婚葬祭会社の主催の講演で、この話をして「葬式のプロが主催しているこの講演会でならば、ぱたっと倒れて逝くのも許してもらえるだろうか」と結ぶと、爆笑されて大うけした。だが、これはあくまで冗談。

ただ葬儀の形は自分で決められる。

二〇一一年十月三日、大分県杵築《きつき》という風情ある城下町で講演した後、夜は別府湾を見下ろす温泉ホテルに泊まった。翌朝、露天風呂に入った。そこの露天風呂には薔薇の花を湯船に浮かべていることで知られており、評判どおり、かなり大輪の花が湯船一杯に浮かんでいた。湯に浸かると、薔薇の香りがほのかに漂った。薔薇の移り香が自分の身にも浸みるような気がした。そこでふと思いついた。

私の葬儀では、祭壇には菊のような寂しい花ではなく、色とりどりの薔薇の花でかざってほしい。葬式は身内だけのささやかなものにしたいと考えても、私のような職業では、結局は「お別れ会」など催して大勢の人に別れを告げる機会を設けなければならない。それが遺族にとっては大変な手間である、ということは夫・周英明の死のときに、子供たちから言われていた。ならば、私の葬儀は一度だけ、華やかに執り行うのがよいだろう。献花のときは、薔薇の花の部分だけ、私の棺桶の中に入れてほしい。棺桶を薔薇でいっぱいに埋め尽くし、薔薇の香りに包まれて焼かれ、香りの中で昇天するのなら、きっと業火《ごうか》の熱さも耐えられる。死んで火葬されるという恐怖が少々薄らいだ気になった。私の遺言としてここにしたためておこう。

〝そのとき〟までは、もう少し待ってほしい。まだ、数年は、少なくとも九十歳までは現役で働くつもりでいるのだから。

金 美齢（きん・びれい）
評論家。1934年、台湾生まれ。1959年、早稲田大学第一文学部英文科に留学。1971年、早稲田大学大学院文学研究科博士課程修了。1975年より英・ケンブリッジ大学客員研究員。早稲田大学講師などを経て、評論家としてテレビ、雑誌等で活躍。JET日本語学校理事長。2000年5月〜2006年5月まで台湾総統府国策顧問。主な著書に、『鬼かあちゃんのすすめ』『夫婦純愛』（小学館）、『凛とした生き方』『凛とした日本人』（PHP研究所）、『日本人の覚悟』『戦後日本人の忘れもの』『私は、なぜ日本国民となったのか』（ワック）などがある。

九十歳《きゅうじゅっさい》 美《うつく》しく生《い》きる

2017年11月25日　初版発行

著　者　金　美齢

発行者　鈴木　隆一

発行所　ワック株式会社
東京都千代田区五番町 4 - 5　五番町コスモビル　〒 102 - 0076
電話　03 - 5226 - 7622
http://web-wac.co.jp/

印刷製本　図書印刷株式会社

ISBN978-4-89831-767-9